Carolina Pérez Stephens

Secuestrados por las Pantallas

UNA ADICCIÓN EN NIÑOS, NIÑAS Y ADOLESCENTES

ZIG-ZAG

I.S.B.N.: 978-956-12-3681-3
1ª edición: octubre de 2022
1ª reimpresión: noviembre de 2022

Diseño de interior y portada:
www.proyectografico.cl

A MI PADRE Y A MI MADRE, VÍCTOR Y CARMEN,
POR HABERME MOSTRADO CON EL EJEMPLO QUE SE
PUEDE LUCHAR POR UNA MEJOR EDUCACIÓN.
A MIS HIJOS LOURDES Y BORJA, POR DARME LA
FUERZA PARA HACERLO TODOS LOS DÍAS.
Y A MI MARIDO, DIEGO, POR APOYARME EN TODAS.

ÍNDICE

Carolina, ¿cómo les quitaste las pantallas a tus hijos? Cada vez que escucho esa pregunta miro hacia atrás y agradezco la suerte que tuve de haber sido ADVERTIDA hace dieciséis años.

Yo nunca tuve que quitar pantallas porque nunca las di, nunca las entregué, porque mis profesores de Harvard me enseñaron que estos nuevos aparatos digitales "podrían" causar algún daño. En ese momento, ellos no podían decir nada hasta tener, como mínimo, diez años de evidencia científica. En ciencias, para que A cause B, tienen que pasar a lo menos veinticinco años de estudio, pero ya con diez años se puede hablar de tendencias.

Ante la duda abstente, dicen por ahí, y menos mal me abstuve, porque justo a los diez años empezaron a salir publicados *papers* y libros que me devoré. Leí y leí sin parar y, como cuando uno es testigo de algo que aprieta la guata, sentí la necesidad de contárselo al mundo entero. Era como sentir que esa tímida advertencia que me habían hecho en la universidad me llegaba como un tsunami sin aviso.

Lo primero que pensé fue en hacer charlas en mis tres jardines infantiles para advertir a los apoderados, quienes tenían la suerte de estar a tiempo de prevenir. Mis alumnos tienen entre dos y cinco años, edad ideal para evitar futuros problemas.

Di las tres charlas y con eso me quedé tranquila. Había cumplido con advertir, y ya podía seguir con mi vida… Hasta que un día se me acercó una mamá y me dijo: "Carolina, esto es realmente preocupante, por favor haz otra charla para invitar a mis vecinos y parientes". Yo no le di mayor importancia, pero la hice. ¡Cuál fue mi sorpresa al ver la sala de juegos del Helsby, que tiene cien metros cuadrados, llena de gente! Y lo bueno es que creo que siempre he sido entretenida para hablar en público y logro mantener la atención de los asistentes. Estaba acostumbrada a hacer clases en la universidad, por lo que no me asusté al ver la cantidad de gente que había, estaba lleno, gente parada, varios sentados en el suelo, y todos con los ojos bien abiertos, casi sin pestañear.

Nuevamente pensé que hasta ahí quedaba todo. Pero fue la misma mamá quien me dijo: "Carolina, tienes que hacer charlas para los niños, niñas y adolescentes, a nosotros ellos no nos creen". "Nooooooo", le dije yo, "esta información es para adultos, no para niños". Sin embargo, logró convencerme, me armó un grupo y me dijo que tenía todo listo para que la hiciera. Frente a ese interés obviamente no me pude negar.

Como buena educadora de párvulos necesito material concreto para enseñar. Tenía que pensar en cómo explicarles a niños y niñas de nueve años temas relacionados con el cerebro, la dopamina, los circuitos de placer y tantos otros temas complejos. En ese momento me iluminé, abrí el clóset en el que guardamos los materiales que usamos para enseñar sobre el cuerpo humano y de pronto lo vi, ahí estaba Mr. Brain mirándome a los ojos.

Jamás me imaginé que mi calavera con ojos y cerebro de plástico iba a causar tanto furor. Pero no debiera sorprenderme. Los niños y niñas, para comprender realmente algo necesitan ver, tocar y reírse, y Mr. Brain cumplía con todo eso y más. Junto a él las neurociencias lograban ser un tema cercano y ameno.

Para mí ya es un compañero, no salgo de mi casa sin él, y tanto en las radios como en la televisión me piden expresamente que lo lleve.

Y así partió esta historia, sin un plan maestro, sin una carta Gantt, fue solo el amor de mamá y de profesora que vio una advertencia y la hizo pública.

Los que me conocen saben que no soy de muchos amigos y menos aún de andar llamando la atención, pero cuando una mujer es madre, no tan solo da la vida por sus hijos, sino que también se la juega por todos los niños y niñas del mundo. Por ellos saco la fuerza, día a día, para nadar en contra de la corriente.

En un país como Chile, al pensar distinto y expresar tu opinión te arriesgas a que te excluyan. Pero menos mal durante los últimos años he leído junto a mis hijos la vida y obra de activistas y científicos como Gandhi, Martin Luther King, Rosa Parks, Marie Curie y muchos otros que con su ejemplo de vida me llenaron de entusiasmo para no caer frente a las críticas, muy duras en un principio. Pero yo sabía que las ciencias eran mi aval, mi escudo.

Pensé que tal vez en diez años más la gente me iba a escuchar, sin embargo fue más rápido de lo que esperaba, y ahora que han pasado cuatro años estoy escribiendo este libro.

Hace cuatro años, cuando mis hijos eran chiquititos y yo leía y leía evidencia científica y casos de la vida real de adolescentes que sufrían gravemente, producto del efecto de las redes sociales y de los videojuegos en sus cerebros inmaduros, se me caían las lágrimas e iba calladita, tarde en la noche, a acurrucarlos en sus camas. Veía sus caritas y me angustiaba pensar en lo que les iba a tocar si su mamá no jugaba a ponerse una capa y salía a luchar por ellos.

Hoy ya son más grandes y les está tocando lidiar con esta realidad, pero los veo empoderados, con los ojos muy abiertos. Son niños generosos, buenos amigos y además tienen un cerebro lleno de neuronas brillando. Pero no estoy tranquila con ver bien a mis hijos, quiero que todos los niños y niñas de Chile, de Latinoamérica y del mundo puedan disfrutar de sus vidas y ser un aporte para sus comunidades. Pero para esto nos tenemos que unir los adultos, los padres, las madres, los docentes, las autoridades, los legisladores, los presidentes, ¡todos!, para no caer en las redes de la industria tecnológica.

Es hora de abrir los ojos y de luchar por nuestros hijos.

Deseo que cuando termines de leer este libro te sientas con ganas de nadar en un río caudaloso, frío y contra la corriente, pero con amor y empuje. Si nos apoyamos entre todos lo vamos a lograr, lo sé.

Te invito a leer este libro con un lápiz, subraya, escribe en los márgenes, haz dibujos, hazlo tuyo y, lo más importante, ten presente que está escrito con todo mi cariño para darte fuerzas: no estás solo, podemos ir de la mano por este camino.

Carolina Pérez Stephens

CAPÍTULO
1

Mientras más se sabe, más se duda

En la década de los noventa muchos estados en Estados Unidos invirtieron varios millones de dólares en entregar computadores personales a todos los alumnos de colegios públicos, con la promesa de que las nuevas tecnologías lograrían que los estudiantes aprendieran mucho más y de manera mucho más entretenida.

Los profesores veían esto como una tierra prometida, donde los alumnos iban a aprender de manera mucho más rápida y eficiente un contenido que de otra forma era más difícil de enseñar. El límite era el cielo, toda la información estaría a un clic de distancia.

Todo esto en teoría sonaba muy bien: niñas y niños muy bien sentados en sus salas de clases, como oficinistas, mirando su pantalla. Los contenidos y estrategias metodológicas ya no serían responsabilidad de los profesores sino de las empresas tecnológicas que adecuarían el currículo escolar a juegos, plataformas y TIC. El riesgo estaba en que los alumnos podrían acceder a un material no apropiado para la edad y a videojuegos. Pero se les explicó a los apoderados que estos computadores tendrían todas las protecciones necesarias para que eso no ocurriera.

La historia es predecible. No alcanzaron a pasar unas semanas y muchos alumnos lograron sacar todos los filtros y seguros, y accedieron a páginas pornográficas y a videojuegos durante las horas de clases. Lo más irónico era que las compañías que habían vendido esos computadores a los colegios también eran dueñas de aquellos videojuegos a los que los estudiantes pudieron acceder y en los que gastaron bastantes dólares en comprarlos.

El estado de Los Ángeles interpuso una demanda, pero ya sabemos qué pasa con estas demandas… Y lo peor de todo es que el daño a los niños y niñas ya estaba hecho. Lo bueno es que los investigadores de diversas universidades estaban muy pendientes de lo que sucedía con esta nueva estrategia educativa, querían ver bien si los alumnos efectivamente aprendían más y mejor con computadores que con profesores capacitados que enseñaban de manera concreta y entretenida.

El resultado de estos estudios demostró no solo que los niños no habían aprendido más, sino que además de haber aprendido muy poco, muchos niños mostraban signos de depresión, angustia, estrés y pánico. Es por esto que se decidió investigar cuáles eran los efectos de las pantallas en los cerebros en desarrollo de niños y adolescentes.

Luego de veinte años de ocurrido esto en Estados Unidos, podemos traerlo a nuestra realidad. Hoy la tasa de natalidad ha bajado, por lo que la cantidad de estudiantes también, de manera que el colegio tiene que demostrar que está a la vanguardia educativa para captar alumnos, quienes son sus clientes. En las páginas web se ven muy lindas las fotos de estudiantes con *tablets* bajo el brazo, se ven muy ejecutivos sentados frente a sus computadores y los colegios se vanaglorian de tener redes wifi y acceso a innumerables plataformas. Además, los profesores ya no son maestros, sino que guían estos nuevos procesos.

Desde prekínder les empiezan a enseñar a utilizar las plataformas, lo que suele ser percibido como un reflejo de modernidad y vanguardia. Muchos lo ven como la educación del futuro. Solo les falta el casco de astronauta para irse a la NASA o al MIT. La interrogante que debieran hacerse los adultos es: ¿qué es lo que realmente necesita mi hijo para vivir en este mundo incierto? Hoy vivimos en la incertidumbre. Tenemos problemas políticos, económicos, climáticos y crisis sociales. Según la OCDE (Organización para la Cooperación y el Desarrollo Económicos), nuestros hijos y alumnos requieren de cuatro destrezas claves para vivir en este turbulento siglo XXI. Necesitan ser creativos, innovadores, resolutivos y, sobre todo, necesitan tener un pensamiento crítico. Estas destrezas no se desarrollan frente a una pantalla, a pesar de que te lo quieran vender así. Para desarrollar el pensamiento crítico es necesario leer, debatir, conversar con los compañeros mirándose a los ojos, ver obras de arte para imaginar, reflexionar y dar una opinión con fundamento. Y por sobre todo en esta época de las *fake news*, es fundamental que nuestros niños duden.

Esto se puede ir practicando con ellos desde que son muy pequeños, solo basta preguntarles el porqué de algo. ¿Por qué las chinitas tienen puntos negros, qué crees tú?, ¿busquemos información en un libro?, ¿veamos un documental sobre insectos?, ¿te gustaría dibujar otros insectos?, ¿hagamos una manualidad con rollos de papel higiénico? Esto implica darse el tiempo de conversar con los hijos y con los alumnos, y hacerlos partícipes de una reflexión. Tiempo, algo que la gente cree escaso, pero no: ¡hay tiempo ahora mismo!

Muchos videojuegos los promocionan como potenciadores de la creatividad. Sin embargo, ellos mismos te entregan todo para que los niños puedan crear dentro de sus parámetros, con sus elementos y con otros que ojalá compres. Es "juega y crea solo con lo que yo te doy". La creatividad, en cambio, necesita del ocio y del aburrimiento para poder fluir. Un niño aburrido es alguien que luego de algunos minutos irá a hacer alguna "maldad", porque su cuerpo no está diseñado para estar quieto durante una hora sin hacer nada, necesita moverse, necesita hacer algo. Y para eso es ideal tener cajas con materiales reciclados, cajas de cartón, scotch, tijeras, ramas, hojas y cuanto cachureo uno pueda tener guardado; hasta el calcetín huacho sirve. Si a estos elementos se les suma un niño aburrido, el resultado es imaginación y obras de arte. ¿Cuántos aviones del Barón Rojo hizo mi hijo durante la pandemia? ¡Uf!, deben haber sido unos treinta, algunos hechos con palos de helado, otros con cajas de leche y otros con ramas secas de árboles.

Todas esas actividades surgieron luego de un "¿qué hago ahora que estoy aburrido?". Tiene que existir un interés, en el caso de mi hijo, era el estudio de la primera y segunda guerra mundial, los aviones, tanques y libros que leyó con su papá en las largas tardes de la cuarentena. La caja de recuerdos que tengo en la bodega cada día crece más, porque al menos yo no puedo deshacerme de esos tesoros que con tanto cariño a uno le regalan los hijos.

¿Va a ser mi hijo un ingeniero aeronáutico, un diseñador de aviones? No lo sé, ni tampoco me preocupa, yo solo estoy feliz de haberlo visto pasar horas concentrado, pensando, moviendo sus deditos, frustrándose y pasando rabias cuando algo no le resultaba. Y ahí estaba yo para ayudarlo, para calmarlo y para darle ánimo para que lo volviera a intentar. Mucho más fácil hubiera sido tenerlo frente a una pantalla para que yo pudiera trabajar tranquila, pero cuando uno más sabe, más se preocupa y se ocupa.

En muchas entrevistas, tanto en la televisión como en la radio, me decían: "Ya, Carolina, pero eso es lo ideal, en cuarentena estábamos todos colapsados y no había otra que tener a los niños con una *tablet*, la tele o el celular". Pero la historia de la humanidad habla por sí sola. Si comparamos lo que nos pasa a nosotros con épocas pasadas podemos darnos cuenta de que, si bien lo nuestro ha sido difícil, a otras generaciones les tocó pasarlo diez mil veces peor y lograron sobrevivir; obviamente con miles de cicatrices, pero lo hicieron.

Sin duda no ha sido fácil, claramente me cansé más de la cuenta y tomé más café de lo recomendado, pero sabía muy bien que mis hijos son mi responsabilidad, en especial su salud mental y emocional. Dejarlos frente al televisor me iba a simplificar la vida en el momento, pero a la larga mis hijos iban a pagar el alto costo de esa tranquilidad momentánea. Como eso yo lo tenía muy claro, no lo hice.

Es por eso que es importante leer, capacitarse, dudar e investigar, para que no venga cualquiera y te diga que tus hijos se van a desarrollar más y mejor con una pantallita que contigo o con un buen profesor. Cuando los periodistas me hacen preguntas sobre este tema, yo suelo responder: "entiendo los problemas que tuvimos en las cuarentenas, pero uno siempre tiene que aspirar al ideal, aunque no lo logre. Por el amor a nuestros hijos lo tenemos que intentar una y mil veces".

Cuando un niño o niña se aburre aparece también la innovación y la capacidad para resolver problemas, uno ve como se le ilumina la cara al decir: "Mamá, ¡voy a hacer un club para mis monitos de peluche". Y uno se imagina cómo le están brillando sus neuronas porque está creando, buscando materiales, sacando sábanas y toallas. Acarrea sillas y bota un par de cosas para traer una mesita. Todo esto se podría considerar desorden, y se nos activan nuestras alertas: "¡tanto desorden!", "tienes que dejar todo igual después", "no botes nada". Sin embargo, con eso estamos matando a la gallina de los huevos de oro. No hay nada más lindo y placentero para mí que ver el juego libre y no estructurado de mis hijos. El escuchar el "pppffff", "haggg", "psssss", esos diálogos entre sus juguetes, es realmente como estar en la película Toy Story. ¡Yo realmente me los imagino!

Ese tipo de juego es un súper alimento para el cerebro humano y es lo que les va a permitir un buen desarrollo socioemocional cuando crezcan. El saber escuchar, respetar turnos, ser empático, imaginativo, resolver problemas, etc. Todo esto es clave para vivir en la incertidumbre.

Me imagino a ese mismo niño, pero ya de grande, reordenando su lugar de trabajo porque hubo una crisis. Se está reinventando, está buscando cómo solucionar varios problemas a la vez y tiene que mirar a los ojos a sus socios para llegar a acuerdos. Tiene que pensar, razonar y dar su opinión fundamentada. Todo eso lo practicó hasta el infinito en la plaza de juegos, divirtiéndose con sus hermanos y primos en el patio del colegio.

Hoy se les quiere privar de todo este aprendizaje porque una empresa dice que puede mejorar su comprensión lectora jugando videojuegos.

Mientras más se sabe, más se duda.

CAPÍTULO
2

El cerebro y el aprendizaje

"Debo reconocer que me dolió ver que soy de esas
mamás que para poder hacer algo recurría al celular.
Leyendo tus comentarios me di cuenta de lo errada que
estaba y de que mi hijo (de dos años y siete meses) estaba
adicto a las pantallas. Decidí eliminarlas de raíz, y yo pensé
que sufriría, me alegaría, haría pataletas; pero nada, al no
darle el celular se dio media vuelta y se fue a jugar con
sus animales y dinosaurios de juguete. Le encanta jugar
con agua, le encanta leer sus cuentos y está hablando
más, antes solo decía monosílabos que yo no entendía.
¡Gracias por la información que nos entregas!"

(Palabras de una madre)

La gran pregunta es, ¿han traído felicidad a tu familia las pantallas? Tu hijo te podrá decir que es feliz con sus aparatos tecnológicos, pero sus pataletas, enojo y prácticas poco saludables son señales de lo contrario. Si las pantallas no están enriqueciendo tu vida familiar, entonces hay que hacer un cambio. Estamos en una era en la que debemos supervisar lo que nuestros hijos hacen y ven en el mundo digital, pero nos sentimos cada vez menos eficientes en hacerlo. Queremos confiar en lo que les hemos enseñado y queremos creer que ellos sabrán navegar en este mundo, que sabrán protegerse y respetar a los demás.

Aunque muchos quieran confiar en sus hijos este no es un tema de confianza, es una cuestión de saber si están o no preparados para transitar este mundo digital. Hay muchas diferencias entre el cerebro maduro de un adulto y el de un niño. El nuestro puede distinguir entre el bien y el mal, entre un chiste y el ciberacoso; podemos controlar nuestros impulsos y tenemos la madurez para juzgar y evaluar cómo usaremos las tecnologías. En cambio, nuestros hijos no han llegado a esa etapa todavía, ellos aún son niños.

Su cerebro es un órgano maravilloso y a la vez muy frágil. Comúnmente decimos que son esponjitas, que aprenden todo, y es así, los niños tienen una ilimitada capacidad para aprender lo bueno, lo bonito y lo feo también. Es por eso que estos años maravillosos que llamamos infancia, tenemos que cuidarlos, no con un afán romántico, sino porque son la base de ese ser humano adulto que será el día de mañana.

Es importante entender cómo funciona y cómo se va desarrollando el cerebro de nuestros hijos para así, con todo el amor del mundo, darles los estímulos necesarios para que crezcan sanos, felices e inteligentes, con la esperanza de darles una vida plena y que sean un aporte para esta sociedad.

Me suelo sorprender al conversar con la gente sobre esto, ya que en general no hay conocimiento sobre el desarrollo del cerebro humano. En mis charlas, cuando toco este tema, me miran con los ojos muy abiertos cuando les explico que el mundial de fútbol de la inteligencia humana se juega entre los diez meses y los cinco años de edad. En el gráfico, a continuación, se puede ver que nunca más en la vida un ser humano conectará tantas neuronas como cuando tiene dos años de edad.

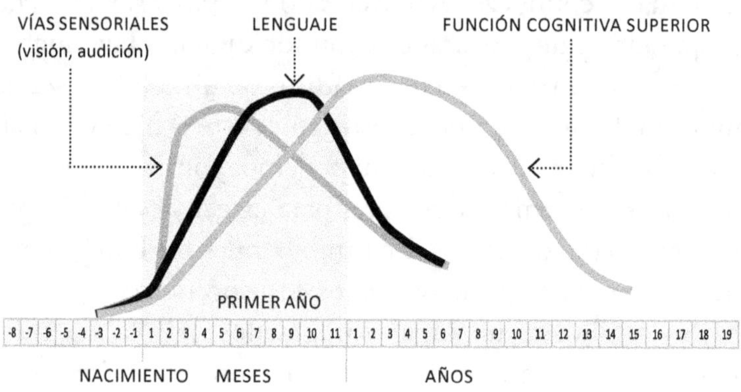

¡Es por esto que los niños de esta edad no paran!, corren, trepan, preguntan, se meten las cosas a la boca, ¡son un torbellino! Esto es porque son unos científicos en acción, están tratando con todo su ser de entender el mundo. Exploran con sus cinco sentidos, ya que solo así pueden comprender el mundo que los rodea. Un ser humano de dos años no puede quedarse quieto por tres horas, su biología no está diseñada para eso. Sin embargo, un celular o una *tablet* sí logra dejarlo tranquilo por un buen tiempo. ¿En qué minuto un niño normal, movedizo, intrépido, se volvió una molestia para los adultos?, ¿por qué tenemos que tranquilizar a los niños?, ¿por qué un niño que corre es tildado de hiperactivo?

Me sorprende que muchos adultos pidan disculpas por el comportamiento totalmente normal de su hijo de dos años: "perdona, es que es muy activo". Las niñas o los niños no son hiperactivos, no son molestosos, no se mueven ni hacen travesuras por molestarnos, lo hacen porque simplemente son niños y así son desde la época de las cavernas; su cerebro prácticamente no ha evolucionado en nada. Los niños no son nativos digitales porque al tener un celular en sus manos sepan usarlos, bajar una app o encontrar fácilmente un video de monitos en YouTube. Ellos tienen una capacidad inmensa de explorar y no tienen miedo a equivocarse. Y dadas sus ilimitadas capacidades para aprender, debemos esforzarnos al máximo para ofrecerles experiencias que llenen sus cabecitas de asombro y tenemos que ser capaces de mantener su curiosidad. Cada flor, cada insecto, puede ser una experiencia inolvidable y llena de aprendizajes.

Considerando la curva de desarrollo del cerebro, ya a partir de los dos años, que es el peak de conexiones neuronales, la curva empieza a bajar. Por eso es tan importante una educación inicial de calidad, porque hay que aprovechar estas ventanas de oportunidades, en las que para ellos es tan fácil aprender nuevos idiomas, tocar instrumentos musicales y todo lo que queramos enseñarles. Por supuesto que más adelante también se puede aprender, pero cada vez requiere de un mayor esfuerzo. Si yo quisiera aprender a hablar y a escribir chino mandarín, lo lograría luego de unos cuatro años de estudio a tiempo completo; un niño de cinco años lo aprende en ocho meses. Eso se llama plasticidad cerebral: aprender algo nuevo de manera eficiente y eficaz, y si no se usa, se pierde. Por eso es tan importante invertir en la educación de los primeros años, para igualar la cancha y para darle buenas oportunidades a todos los niños, y especialmente a los más vulnerables.

Siempre pienso en lo mucho que se habla de la educación universitaria gratuita; en cambio, no lo suficiente de la importancia de invertir en la educación inicial. En la universidad los cerebros están maduros, a diferencia de cuando son niños, edad en la que está todo el potencial para desarrollar y explotar sus cerebros. Centrémonos en apoyar a nuestros niños desde sus inicios, y no para que sean genios, sino para que puedan desarrollar al máximo todas sus capacidades.

Si bien siempre queremos lo mejor para nuestros niños, no siempre sabemos cómo lograrlo, ni conocemos la forma de hacerlo. Hay tanta información, tantos libros de crianza, tantas influencers diciendo qué es lo mejor para que los niños duerman toda la noche, qué alimentos hay que darles, cómo estimularlos y recordando la importancia de que los padres o madres tengan tiempo libre. Se habla mucho del espacio y del descanso que se necesita para poder estar bien con los hijos, pero ¿cómo tener nuestro espacio si vivimos solos con los niños, sin ayuda de nadie más? Sin duda, una solución fácil podría ser pasarles una pantalla, ya que así se quedan tranquilos y los adultos logramos tener el merecido descanso. Si bien es muy lindo tener niños, sabemos que es un trabajo de lunes a lunes y durante todo el día. Es realmente agotador. Uno simplemente sueña con dormir una noche entera.

En mi caso, siempre he estado convencida de que más que leer libros sobre crianza, en los que unos dicen que una cosa es buena y otros dicen exactamente lo contrario, lo que más me ha servido para ser mejor madre y mejor educadora es estudiar neurociencias, saber cómo funciona el cerebro humano. Aprendiendo sobre esos temas he logrado sacar mis propias conclusiones en relación a cómo criar a mis hijos. Pero lamentablemente no se enseña neurociencias en el colegio y tampoco es un tema que se converse de manera cotidiana en los jardines infantiles, colegios o centros educativos.

Al saber sobre neurociencias se toman decisiones justificadas por la ciencia. Entonces, si decido no entregarle una *tablet* a un niño de un año, no es antojadizo, ni por ser bruja, sino porque la ciencia me lo enseñó y advirtió.

Estudié con mucho esfuerzo neurociencias en Harvard, tenía que tomar litros de café para concentrarme y entender un tema sobre el cual, con suerte, había leído cinco páginas viviendo en Chile. Me di cuenta de que las neurociencias hoy son clave para saber qué necesitan aprender los niños, cómo y con qué. Adquirí las bases científicas para justificar de manera informada por qué es importante enseñar, por ejemplo, sobre obras de arte en el jardín infantil; para explicarles a los apoderados la importancia de que exista para sus hijos un período de adaptación en marzo, en el que deben acompañarlos durante dos semanas al jardín infantil y así prevenir que sufran estrés al entrar por primera vez a un lugar desconocido.

¿CÓMO REALMENTE APRENDE EL CEREBRO HUMANO?

El cerebro crece de una manera secuencial, de atrás para adelante, empieza de lo menos complejo a lo más complejo. Las experiencias que tengan los niños y niñas durante sus primeros años de vida tendrán un impacto profundo en la arquitectura de sus cerebros en desarrollo. Los genes que les traspasamos proveen de mucha información, sin embargo, no es lo único relevante. Las experiencias de vida moldean este proceso, influirán directamente en si el niño o niña tendrá una base sólida o débil para su aprendizaje.

Durante el desarrollo cerebral billones de células llamadas neuronas envían señales eléctricas para comunicarse entre ellas. Estas conexiones a su vez van formando circuitos, y serán la base para la arquitectura cerebral. Son como los cimientos de una casa: para que no se nos caiga con un terremoto o con un gran viento, se necesita de una base sólida.

Estos circuitos y conexiones se multiplican de manera muy rápida y se refuerzan a través de su uso constante. Es como tener un camino de tierra lleno de piedras: mientras más veces pasa el camión por encima, el camino se va haciendo más plano y el camión podrá ir más rápido.

La idea es que los niños tengan buenas, valiosas y entretenidas experiencias educativas y que se repitan una y otra vez. Por ejemplo, que practiquen muchas veces los colores: un día haciendo masa de color rojo, al día siguiente yendo al jardín infantil vestido de rojo y encontrarse con todos sus compañeros de sala de color rojo. Al día subsiguiente, viendo una obra de arte que tiene mucho rojo, etc. De esta manera el tema del color se va repitiendo de distintas formas, y el niño recibe la información a través de sus cinco sentidos. Así, este camino de piedras, gracias a la repetición, se va transformando en una supercarretera del conocimiento.

Esto también puede entenderse si lo comparamos con una conexión a internet. Cuando la señal es mala, cuesta mucho que se descargue una foto; cuando tengo una muy buena señal, la foto se descarga rápidamente. Lo mismo ocurre con el cerebro de los niños y niñas. Nuestras experiencias de vida y nuestro medioambiente van a determinar qué circuitos y conexiones serán las más usadas. Las que se usen más crecerán más fuertes y permanentes, mientras que los circuitos y conexiones que se usen menos van a desaparecer en la llamada "poda neuronal", que es totalmente normal. Es como un jardinero que llega a un jardín totalmente desordenado, con muchas ramas y arbustos secos, con maleza, donde no se puede caminar. Este jardinero lo primero que hará será cortar todo lo seco, las malezas y todo lo desorganizado, de manera que el jardín quede ordenado y se riegue solo lo que se necesita. El cerebro de nuestro hijo es ese jardín: si es regado diariamente con miradas cariñosas, con cuentos, con muchas palabras, con otros idiomas, con deportes, intereses, imaginación y curiosidad, ese jardín será frondoso, verde, lleno de árboles, con caminos y senderos de flores; y el jardinero solo podará lo justo y necesario, podará para que sigan creciendo las plantas, no porque las plantas están secas y no sirven.

Los circuitos neuronales más usados crearán rutas rápidas para viajar en el cerebro. En los niños y niñas los circuitos son simples, pero son la base para los más complejos que se van construyendo en el tiempo. Por ejemplo, sus circuitos simples son escuchar, disfrutar con las palabras. Pero si a un bebé, desde el nacimiento hasta los cinco años, no solo le hablan sino que le leen cuentos, y tiene libros en su pieza y los disfruta, cuando llegue al colegio y le enseñen a leer, sus circuitos realmente serán como una supercarretera del conocimiento. Tendrán una base sólida de vocabulario, discriminación visual, discriminación auditiva y, lo más importante, en su cerebro estará asociado el placer con la lectura. Es por esto que estas primeras experiencias marcan el futuro de la vida.

Con el uso repetitivo, los circuitos se hacen más eficientes y se conectan con otras áreas del cerebro de manera rápida. Los circuitos, aunque hayan nacido en distintas partes del cerebro, están interconectados. Tú no puedes tener un tipo de destreza si no está apoyada por otra. Por ejemplo, a un niño que tiene poco vocabulario, que no sabe hablar bien, le va a costar muchísimo más aprender a leer que a alguien que desde muy chico se le ha hablado con un buen vocabulario y ha estado en contacto con muchos libros.

Las áreas del cerebro se fortalecen con la práctica. Actividades que eran difíciles, gracias a la práctica se transforman en fáciles y automáticas. Yo me acuerdo cuánto me costó aprender a manejar: horas de horas y curso tras curso, ¡me costó mucho!

Esa actividad, que en principio era muy difícil para mí, gracias a la práctica y a la perseverancia hoy es algo que sé hacer casi de manera automática. Lo mismo ocurre en los niños al practicar palabras nuevas, escuchar o leer cuentos, aprender los números, etc., aprendiendo de distintas formas y reiteradas veces. Así, temas que pueden percibirse difíciles y complicados, se aprenden con mayor facilidad. La práctica hace al maestro.

Si un niño o niña se expone a diversas actividades, en el futuro tendrá más intereses y un cerebro muy saludable. Una gran variedad de actividades sanas y al aire libre son esenciales para un cerebro bien conectado y balanceado.

Es importante considerar que hay una pequeña ventana de oportunidades para realizar actividades importantes para el sano desarrollo, antes de que llegue el jardinero y las pode. Al cerebro le toma veinticinco largos años madurar la corteza prefrontal (el jefe del cerebro, la función ejecutiva). Estas funciones ejecutivas tienen que ser aprendidas bien a la edad que corresponde, porque son claves para toda la vida: para aprender en el colegio, para trabajar con otras personas y para convivir en sociedad. Sin una corteza prefrontal bien desarrollada los niños, niñas y adolescentes pueden tener ciertas dificultades para concentrarse en una tarea, para pensar antes de hablar o de actuar, para ordenar su mochila, para seguir instrucciones y para regular sus emociones de manera apropiada. No nacemos con estas destrezas, pero todos nacemos con el potencial para poder desarrollarlas.

Las funciones ejecutivas se desarrollan y fortalecen en la familia. Hacer la cama, ordenar la casa, hacer las tareas, jugar cara a cara con los amigos, hacer deporte, aprender a perder, a felicitar al que gana, etc. Si los niños, niñas y adolescentes las practican día a día estarán mejor preparados para estudiar, trabajar y vivir felices.

Un recién nacido lo único que necesita para conectar sus neuronas es que las personas que viven con él lo miren, le hagan cariño y le hablen. No se necesita una gran inversión en móviles, sillitas nido llenas de luces y sonidos. Los niños y niñas necesitan calor humano, sonrisas y mucha compañía. En esas miradas se aprende a conocer a los hijos. Además, está en juego la oxitocina, que es conocida como la hormona del amor. Nos nace mirar a nuestro hijo, nos nace olerlo, acariciarlo, cuidarlo y correr cuando lo escuchamos llorar. Nuestro cerebro está programado para tratar de callar ese llanto, pero satisfaciendo la necesidad, que puede ser hambre, frío, dolor, etc. Se aprende a leerlos en esa relación diaria y cercana, y eso hace que nuestro hijo conecte, conecte y conecte neuronas. Cada palabra, cada canción, cada abrazo, cada masaje hace que el cerebro de nuestro hijo brille.

Hoy con los escáneres se puede ver que efectivamente cuando una neurona se conecta con las vecinas, ellas brillan como fuegos artificiales. Suelo decirles a los niños y a las niñas que cada vez que juegan, leen un libro, hacen un experimento, etc., sus neuronas brillan y se conectan, y mientras más neuronas conectadas tengamos, más materia gris tendrá nuestro cerebro. Esta materia gris es nuestra materia prima para poder pensar críticamente, para ser imaginativos y creativos. Es la base para poder pensar cuando se llega a la adolescencia y a la adultez.

En mis charlas se ríen mucho cuando les digo: "ustedes tienen que decidir si quieren tener mucha materia gris y ser inteligentes o tener poca materia gris y ser 'medios pavos'. ¿Nadie quiere ser 'medio pavo', cierto?". Se ríen a carcajadas, pero seguro entienden el mensaje.

3

Vuelta a clases presenciales y salud mental

Desde el año 2015 Chile ostenta el puesto número uno entre los países con más niños, niñas y adolescentes conectados a las pantallas, con un promedio de siete horas diarias (sin contar el tiempo de uso académico o escolar). Es decir, registran siete horas diarias de uso de pantallas para la entretención, juegos de video, redes sociales y apps. ¿Cuál será entonces la estadística pospandemia?

Con la llegada de las cuarentenas tuvimos que reinventar las clases vía pantallas, lo que implicó un costo para los alumnos, profesores y apoderados. Si sabemos que el niño o niña realmente aprende con la interacción directa, con material didáctico y con un adulto que lo mire a los ojos y le enseñe la materia, ¿qué sucede con las clases virtuales? La evidencia muestra que el aprendizaje, luego de casi un año de clases *online*, fue prácticamente nulo. Los niños y las niñas no aprendieron nada nuevo y, lo peor de todo, no leyeron libros por placer.

Esto se pudo haber previsto, si ya una clase frente a un pizarrón es aburrida, la misma clase expositiva a través de una pantalla no tiene sentido. Alumnos desconcentrados, aburridos, sin ganas de participar y menos de hacer tareas, sumado a los adultos sobrecargados de teletrabajo o derechamente angustiados por no tener trabajo hizo que muchos niños y niñas se refugiaran en largas horas de videojuegos y redes sociales. Esto claramente traería consecuencias en el desarrollo cerebral y en el nivel de aprendizaje.

Los expertos norteamericanos lo venían advirtiendo desde junio de 2020, la vuelta a clases presenciales no podía ser como las clases de 2019 más mascarillas. Había que estudiar el impacto de la pandemia en la salud mental y emocional de los niños y niñas, ayudar a superar los traumas, volvernos a mirar, solucionar y apoyar a los alumnos y a sus familias, y después ver qué y cómo se van a enseñar las matemáticas, ciencias, historia, etc. El problema fue que ni los colegios ni los jardines ni los profesores dimensionaron el problema gigantesco que se les venía encima.

En la universidad me enseñaron que en una sala de clases siempre habrá algunos niños o niñas con problemas de autorregulación, otros con problemas de aprendizaje, otros con problemas de atención y otros con problemas de comportamiento. Lo que no me enseñaron fue que en pandemia esto se iba a agravar, que aquellos que no presentaban estas dificultades las tendrían, y que a muchos se les iban a multiplicar por cien.

Sin duda, esto influiría en el clima de la sala de clases. Un profesor podrá ser muy entretenido y podrá llegar a su sala de clases muy bien preparado, pero si seis niños se desregulan, no pueden concentrarse, y si además le llega un WhatsApp de una niñita que está en el baño cortándose las piernas… es mucho para un profesor.

¿Dónde están los colegios o escuelas capacitando en salud mental y emocional a sus docentes? Los encargados de convivencia escolar están sobrepasados por los problemas emocionales y de conducta que están teniendo hoy los niños. Algunos de sexto básico, que siempre han jugado a la pelota en los recreos, hoy se están ahorcando, agrediendo y tratándose sin respeto. ¿Cuál es la solución?, ¿prohibir el fútbol?, ¿llenar de profesores los patios para prevenir agresiones?

¿Realmente no somos capaces de ver que están sufriendo? Nos piden a gritos que nos hagamos cargo, que estudiemos y los ayudemos a caminar en este mundo incierto. Y por supuesto que los podemos ayudar, entendiéndolos y dándole un nombre a lo que están viviendo y sintiendo.

En Estados Unidos el 67% de los padres o madres reconoce sentirse deprimido todo el día, el 42% de los niños y niñas está presentando conductas externalizantes (pataletas, gritos) y las consultas psicológicas y psiquiátricas se han multiplicado. Hoy los psicólogos atienden de sol a sol y no dan abasto, los psiquiatras tampoco. Incluso hablan de una pandemia de bulimia y anorexia en la adolescencia.

Si percibimos tanto estrés, ¿qué podremos hacer? Hay mucha incertidumbre con respecto a esta larga pandemia, no la podemos dar por terminada. Tenemos que aprender a distinguir lo que nos produce estrés y angustia, y aprender a manejarlo. Siempre les explico a los niños y niñas que la hormona del estrés, el cortisol, es la hormona de la supervivencia. Por ejemplo, si yo estuviera tranquila mirando las hojas del otoño y de repente veo que viene hacia mí un león, y yo sigo tranquila, el león me atacará y me comerá. En cambio, si yo estoy tranquila disfrutando del otoño, pero veo al león y rápidamente me sube el cortisol, me aumentará el ritmo cardiaco, respiraré más rápido, correré a una velocidad que no sabía que podía alcanzar, treparé una pared, me esconderé y, cuando el peligro haya pasado, bajará mi nivel de estrés y me bajará el cortisol. El cuerpo está diseñado así, para tener subidas rápidas y cortas de cortisol para sobrevivir. Pero el cuerpo no está diseñado para tener el cortisol elevado por horas, días, semanas, meses y años. En ese caso, cuando hay un estrés crónico, el cuerpo empieza a fallar, las células mutan y surgen las enfermedades.

¿Cuán elevado estuvo nuestro cortisol en la pandemia? ¿Por cuántos días y meses? Es este estrés tóxico lo que nos genera un *break down*, una fatiga, y hace que estemos exhaustos. Los niños y niñas lo manifiestan en el colegio, explotando en las clases y en los recreos. Es imperativo que todos los profesores nos capacitemos en educación emocional, hoy es clave. Las emociones son muy importantes en el nivel de atención, memoria y aprendizaje, en el tipo de decisiones que se tomen y en la calidad de las relaciones interpersonales. Las emociones influyen en la salud física y mental, y además en el nivel de creatividad y pensamiento crítico. Solo al entender lo que sienten los niños y niñas podremos rediseñar nuestro currículum para enseñar a un nivel más alto, teniendo grandes expectativas de nuestros alumnos, y siempre buscando que se sientan queridos, respetados y acogidos. De esa forma sus cerebros se abrirán de par en par para aprender.

Llenemos las salas de clases de risas, juegos, conversaciones, debates, música y baile. Iniciemos una revolución para que se goce al aprender. Hagamos magia en las clases, que todas las profesoras seamos hadas madrinas que llenemos de brillitos los ojos de nuestros alumnos, de tal manera que al leer un cuento no vuele ni una mosca, y no por haberles gritado, sino porque los entusiasmamos con un disfraz y elementos entretenidos. Encantemos para educar de la mejor forma posible.

PANTALLAS EN LOS COLEGIOS

He recorrido varios lugares de Chile dando charlas en establecimientos educativos. Como soy educadora de párvulos siempre espero entrar a un colegio y ver los pasillos llenos de niños, niñas y adolescentes jugando, corriendo y conversando, ya que así es la realidad en un jardín infantil. Uno se imagina los patios llenos de risas y carreras, pero lamentablemente esto ha disminuido considerablemente y los profesores me dicen que están muy preocupados por el desarrollo de sus alumnos. Lo que uno ve hoy son pequeños grupos de alumnos conversando sobre lo que están mirando en el teléfono de uno de ellos. Lo importante en esta escena es lo que no está pasando en esta nueva normalidad, que es conversar mirándose a los ojos y conversar sobre lo que están viviendo ellos, no sobre el último video en TikTok.

Una de las cosas importantes que uno aprende en el colegio es a interactuar con otras personas, ya sea la señora del quiosco, la profesora, tu compañero o el señor o señora que hace el aseo. Si yo cuento un chiste y veo que mi amiga pone una cara triste, yo aprendo a leer que esa señal significa que quizás mi chiste la hirió y aprenderé a pedirle disculpas y a pensar antes de repetir el chiste, y también aprenderé por qué eso hizo sufrir a mi amiga. Estas son destrezas sociales claves para vivir en sociedad y se aprenden desde que somos pequeños. Así se va desarrollando la empatía, pero para eso necesito contacto cara a cara con otros seres humanos.

Ese trabajo diario de interacción no se logra cuando los niños o niñas están mirando sus pantallas.

Hoy muchos niños, niñas y adolescentes están yendo a terapias donde las psicólogas tratan de enseñarles justamente eso que podría ser aprendido gratis en el jardín y en el colegio si tuvieran las oportunidades de socializar normalmente. Ayudar a regular emociones en una terapia es mucho más complicado si no se practicó desde los primeros años, ya que el cerebro es mucho más plástico a esa edad, y modificar conductas cuando ya los malos hábitos se han establecido cuesta mucho más.

Muchos profesores también me han contado que sus alumnos tienen miedo a equivocarse, a preguntar y a discutir en clases, porque están más preocupados de que esos errores e intervenciones sean grabadas por otros compañeros con sus celulares y que después sean objeto de burla en redes sociales.

Los colegios y las salas de clases debieran ser un refugio y un templo de seguridad, con aprendizajes y errores, porque para eso estamos nosotros los profesores, para inspirar, ayudar y enseñar. Pero si un niño no se atreve y se queda callado, yo no podré ayudarlo como debiera. Es necesario sentir que cada pregunta es válida, que si no se entiende un ejercicio no tiene nada de malo, estamos en clases para responder preguntas y poder equivocarnos. Pero si mi error después es la burla de toda la generación de mi colegio, obviamente mantendré mi boca cerrada durante todo el año, y claramente el nivel de aprendizaje será menor.

En el colegio también se forjan amistades para la vida, uno pudo haber tenido un problema en la casa y lo único que quiere es llegar al colegio para contárselo a un amigo o amiga, pero hoy están más interesados en lo que se postea en Instagram, que es la vida perfecta que al parecer todos tienen.

Entonces este aparato que entrega entretención ilimitada y que está en mi bolsillo todo el día es simplemente la receta para una tormenta perfecta en relación a la salud mental.

Cerebros preadolescentes que se están desarrollando, más la inhabilidad para controlar sus impulsos, más la imposibilidad de retrasar la gratificación (retrasar la recompensa), y si a eso le sumamos los problemas de concentración, esto es imposible de controlar. Algunos profesores me cuentan que ya se dieron por vencidos y simplemente les piden a los alumnos que dejen sus celulares boca abajo y que no los revisen en clases.

¿Se imaginan tener mi fuente de entretención ilimitada al lado mío, pero no poder mirarlo?

¡Es como hacer una reunión de alcohólicos anónimos en un bar! La tentación es enorme (y lo más probable es que no se pueda contener).

¿Y si pensamos en la hora de almuerzo en el colegio? Se supone que es un momento que los alumnos esperan con ansias, tienen hambre y quieren conversar con los amigos. Pero la realidad es que hoy muchos niños y niñas simplemente comen mirando su celular. Esto ha sido un cambio radical en estos últimos seis años, donde la normalización de regalar un teléfono se ha masificado.

Los adultos sienten que entregar un celular es para "casos de emergencia", pero es prácticamente un cordón umbilical para saber qué hace nuestro hijo durante todo el día, especialmente en el colegio. Una profesora me dijo que un día por fin había logrado mantener la atención en todos sus alumnos, estaba enseñando sobre la historia de los griegos, estaba dramatizando el mito de Medusa, con peluca y todo, y todos los ojos estaban en ella. En un segundo sonó el celular de un alumno y todas las miradas se fueron hacia allá, el niño dijo "perdón, es mi mamá que me pregunta qué quiero almorzar hoy". Obviamente las risas abundaron, las bromas y el mito griego y sus enseñanzas llegaron hasta ahí.

¡Cuántas clases entretenidas, cuántos debates, cuántas conversaciones valiosas se han perdido por un llamado totalmente innecesario! Si hay alguna emergencia en una familia, los apoderados pueden llamar al colegio; lo mismo si un alumno sufre algún accidente, el colegio será el responsable de llamar y avisar.

Parte de ser padres o madres es dejar que los hijos vayan aprendiendo de a poco a solucionar pequeños problemas que los irán preparando para otros grandes problemas que irán teniendo a lo largo de sus vidas.

Ahora recordemos nuestra etapa escolar, muchas veces tuvimos un problema con alguna amiga o nos sacamos una mala nota y teníamos varias horas antes de llegar a la casa para contárselo a los papás o mamás. En esas horas el problema se daba por solucionado, y la pena o la rabia por la nota pasaba porque nos dábamos cuenta de que podíamos estudiar más para la próxima o la profesora nos daba otra oportunidad. Uno necesita tiempo para procesar cualquier información,

Hoy los niños y niñas se sacan una mala nota e inmediatamente mandan un mensaje, y al instante la mamá o el papá envían un mail a la profesora exigiendo que le hagan otra prueba. Esto que parece poco creíble es pan de cada día y lo están viviendo demasiados profesores. Esto aumenta el estrés de todos, del alumno, de los apoderados y de los docentes.

Dejemos a nuestros hijos vivir y disfrutar su etapa escolar y dejemos que los expertos en educación hagan bien su trabajo, y los adultos no esperemos estar todo el día pendientes de la vida de nuestros hijos.

Otro de los motivos que suelo escuchar como razón para regalar celular a los hijos, es para evitar tener que ponerse de acuerdo y llamar a sus hijos justo cuando están en la puerta del colegio.

¿Dónde quedó el conversar en la mañana y ponerse de acuerdo? Nuevamente, estas son destrezas que sirven para la vida. Y con nuestros hijos nunca es tarde, siempre podemos enmendar el camino.

CAPÍTULO
4

EFECTO DE LAS PANTALLAS EN EL CEREBRO EN DESARROLLO

"Te escribo porque estoy triste y frustrada con este tema. Siento que no fui lo suficientemente fuerte como para haber evitado lo que hoy viven mis dos hijos. Ellos tienen ocho y catorce años. Traté de evitar y de atrasar lo más posible la entrega del celular, pero accedimos a regalarle un *smartphone* al mayor a los trece años, ya que todo su curso tenía y podía acceder al wifi de la casa. Al principio era solo WhatsApp para conversar con sus amigos, hoy es lo mismo más redes sociales, juegos de video y series. Si bien la regla de la casa es usarlo con un máximo de dos horas al día y no llevarlo al colegio, llega a la casa y se va directo a su celular. Mi relación con él se ha limitado a retos y a castigos por normas no cumplidas, me miente y mi confianza en su palabra ya la perdí. Se enoja demasiado cuando tiene consecuencias por sus desobediencias y, claro, a pesar de haber sido flexible para no ser tan bruja, para él hoy soy la peor de las brujas, soy una amenaza a sus deseos. Muchos me dicen que soy rígida e intransigente y que por qué no lo dejo estar siempre con su celular si todas las mamás de su curso dejan a sus hijos.

Últimamente, al revisar su celular, hemos visto que ha entrado a sitios de pornografía.

Tengo momentos de ánimo y de esperanza de que aún estoy a tiempo, pero hay otros como este, en el que me voy para abajo y no veo solución. Dime por favor si científicamente habrá esperanza para salvar a mi hijo."

(Mensaje de la madre de un adolescente)

"Te escribo con sentimientos encontrados, ya que me alegra conocerte, pero lamento que sea cuando mi hijo ya tiene catorce años y su vida gira en torno a los videojuegos, a los computadores, al *smartphone* y a las redes sociales. Hoy presenta muchos problemas de rendimiento escolar, de agresividad y depresión. Está con psiquiatra y psicólogo, pero me siento desesperanzada, ya que no veo ninguna mejoría. ¿Crees que quitándole las pantallas a esta edad podrá haber un cambio real en su vida?"

(Mensaje de la madre de un adolescente de catorce años)

Para poder realmente ayudar a nuestros hijos primero tenemos que reconocer ciertas características o patrones de conducta, debemos analizar nuestra vida familiar, nuestra dinámica, la cantidad de tiempo que todos les dedicamos a las pantallas, para luego hacer un plan de acción, ya sea para la prevención o para un tratamiento.

¿Cómo puedo saber si mi hijo es adicto a las pantallas? Para responder esta pregunta tenemos que hacernos otras más:

- ¿Mi hijo sigue interesado en ir a casa de amigos o rechaza invitaciones porque prefiere quedarse en su pieza jugando videojuegos, navegando en internet o revisando sus redes sociales?
- ¿Juega videojuegos toda la tarde después de llegar del colegio?
- ¿Trata de acortar los tiempos en las pantallas, pero no puede?, ¿alega mucho cuando tratan de restringir los tiempos?
- ¿Se aburre fácilmente con actividades al aire libre?, ¿se aburre en la plaza?
- ¿Se aburre rápidamente con sus propios juguetes?
- ¿Exige como premio más tiempo de videojuegos si hace cosas que le corresponden por edad, como hacer las tareas, ayudar en la casa, pasear al perro?
- ¿Ha tenido cambios de comportamiento en el colegio y en la casa?
- ¿Cómo duerme?, ¿logra tener un sueño profundo o amanece muy cansado?
- ¿Cómo está su alimentación?, ¿come mucho o come mal cuando está frente a las pantallas?
- ¿Está más ansioso?
- ¿Tiene muchas pataletas?
- ¿Ya no te cuenta lo que hizo en el colegio?
- ¿Logra prestar atención en clases?
- ¿Cómo está su ánimo? ¿Está más triste de lo normal a pesar de no tener mayores problemas?

Si respondiste afirmativamente a más de alguna de estas preguntas deberías estar muy atento para actuar a tiempo.

Hay dos palabras que suelen aparecer cuando se trata el tema del impacto de las pantallas en los cerebros en desarrollo de niños, niñas y adolescentes: dopamina y cortisol.

Como señalé en el capítulo anterior, el cortisol es la hormona del estrés y es clave para nuestra supervivencia como especie. Pero el trauma, la violencia y las pantallas interactivas hacen que el cerebro secrete mucho cortisol y por periodos muy prolongados, lo que es tóxico para nuestro cuerpo.

La dopamina es el neurotransmisor del placer y es clave para disfrutar nuestra vida. Nos hace sentir placer con las actividades que nos gustan. Cuando algo nos gusta y nos hace pasarlo bien, buscamos repetirlo una y otra vez. Por ejemplo, si a un niño le gusta jugar a la pelota, cada vez que juega su cerebro secreta dopamina. Como lo pasa bien jugando con ella, querrá jugar cada vez más y jugará mejor a la pelota. En palabras simples, el cerebro secreta "gotitas" de dopamina. Y eso es lo que sucede en el cerebro de los niños y niñas al jugar con tierra, al bailar, al leer, al jugar básquetbol, al imaginar, al escuchar un cuento, al jugar con amigos en la plaza, al mojarse los pies en la playa y en tantas actividades naturales que nos regala la vida. Estas "gotitas" de dopamina natural hacen que los niños crezcan sanos, felices e inteligentes.

La dopamina es clave en el aprendizaje, por lo que es fundamental que los profesores logren hacer una clase participativa y entretenida, para que el cerebro de los niños y niñas secrete este neurotransmisor del placer y relacione placer con lectura, placer con matemáticas, placer con ciencias.

¿QUÉ PASA CON LAS PANTALLAS INTERACTIVAS?

Al ser diseñadas para generar adicción, la cantidad de dopamina que secreta el cerebro es como un chorro de agua de manguera de bombero, ¡es demasiado placer!, ¡es demasiada dopamina! Es un nivel de placer que, al ser tanto, es tóxico para el cerebro humano. Entonces el cerebro dice "es mucho para mí, esto es anormal, para la próxima vez voy a necesitar más dopamina para volver a sentir lo mismo".

Los especialistas han visto que a nivel de circuitos de placer en el cerebro ("circuitos de recompensa"), estar jugando videojuegos es equivalente a inyectarse un shot de heroína. Si me inyecto un shot de heroína tendré problemas inmediatos en mi ritmo cardiaco, pero si me fijo en los circuitos de recompensa las neuronas sufren igual.

Es por esto que debemos velar para que las actividades que se realicen durante la infancia y adolescencia sean acordes a su respectivo desarrollo. Debemos propiciar actividades que liberen dopamina de manera natural, actividades al aire libre, con amigos, familiares, permitirles a los niños y niñas que se aburran para que desarrollen su imaginación, que disfruten de paseos simples como subir un cerro, caminar y jugar en familia.

Hay una zona del cerebro que se demora veinticinco largos años en terminar de conectar neuronas y madurar. Me da gusto pensar en la sabiduría de la naturaleza, que nos da tanto tiempo para madurar la corteza prefrontal de nuestro cerebro a cargo de las funciones ejecutivas. La corteza prefrontal es el jefe del cerebro, el CEO, el capitán del cerebro. Y se necesita un jefe inteligente para que conduzca bien nuestra vida.

¿Qué hace el jefe del cerebro y por qué se demora tanto en madurar? La corteza prefrontal es la responsable de la organización y de la autorregulación. Por un lado, es la parte del cerebro que me ayuda a decir ¿qué voy a hacer hoy?, ¿qué tengo que preparar para el día siguiente?, ¿qué tengo que hacer en un mes más?, ¿adónde quiero llegar con mi vida en diez años más?, ¿dónde me gustaría estudiar y trabajar, y qué tengo que hacer para lograrlo? Y, por otro lado, es la parte del cerebro que me regula para no decir todo lo que pienso. A lo largo de la vida nos enseñan que tenemos que pensar antes de hablar y antes de actuar. ¿Se imaginan que uno fuera por la calle diciendo todo lo que tiene en mente o haciendo todo lo que quiere sin mediar las consecuencias? ¿Cuántas veces yo quise tirarle una silla a mi vecino porque ponía la música muy fuerte? ¡Muchas!, pero no lo hice. Respiré, pensé y fui de manera civilizada a pedirle que por favor bajara la música. Pero, insisto, ganas de tirarle la silla no me faltaban. Gracias a mi corteza prefrontal, me autorregulo; gracias a ella pienso, mido las consecuencias y actúo. ¿Se imaginan ir caminando por la calle y justo en la vereda del frente ver a Brad Pitt y a Cristiano Ronaldo? A mí me darían unas ganas enormes de tirarme arriba de ellos para abrazarlos y besarlos, pero mi corteza prefrontal, mi Pepe Grillo, me diría: "¡Caroliiiiiiina, eres una mujer casada, eres madre, no hagas el ridículo!". La autorregulación es fundamental, hay que medir las consecuencias que podrían tener nuestros actos.

Los expertos se han dado cuenta de que todo este circuito de placer (dopamina, cortisol y estrés), impide que la sangre llegue a la corteza prefrontal, lo que implica que las neuronas no se conectan. ¿Qué pasará entonces con toda una generación que, gracias a los videojuegos, redes sociales, *smartphones* y *tablets* no conectan neuronas en su corteza prefrontal? ¿Se imaginan qué podría pasar en una sala de clases de séptimo básico si ninguno de los alumnos tuviera muchas neuronas conectadas?, ¿cómo serían esas clases? ¿Se imaginan un país en donde ninguno de los ciudadanos ni ciudadanas tuvieran neuronas conectadas?, ¿les gustaría vivir en ese país? Si recordamos que Chile es el país número uno con niños y niñas con adicción a las pantallas, ¿cuál sería entonces el país número uno en donde las personas no conectan neuronas? La respuesta sería: ¡Chile! Entonces debemos preguntarnos: ¿es ese el país que les queremos dejar a nuestros hijos?

Otra parte muy importante del cerebro que se ve afectada por estas subidas anormales de dopamina y cortisol (placer y estrés) es una zona pequeña del cerebro que se llama ínsula. Ella es la encargada de la compasión y de la empatía. A los niños y niñas les suelo decir que es la "oficina del cerebro encargada de ser buena persona". Por ejemplo, si yo voy caminando y alguien se cae, se iluminan las neuronas de la ínsula y yo ayudo a esa persona. Los doctores no saben por qué es esta zona una de las que se ve tan afectada por el uso de las pantallas interactivas.

Muchas veces pienso que si la zona afectada por las pantallas interactivas hubiera sido la corteza visual, los niños y niñas hubieran empezado a quedarse ciegos, y la consecuencia negativa del uso de las pantallas sería mucho más evidente. Nadie podría pasar por alto este tema. Se estarían quedando ciegos, por lo tanto saldría en las noticias lo que está ocurriendo con los niños de toda Latinoamérica. ¿Qué haríamos?

¿Qué harías tú si el oftalmólogo te dice que tu hijo se está quedando ciego por jugar videojuegos y usar redes sociales? Seguro botarías todo eso a la basura, los regalarías o romperías. Y no en un mes más, sino inmediatamente, sin esperar siquiera un día.

Nadie querría que sus hijos se queden ciegos, queremos que nuestros niños y niñas puedan mirar la naturaleza, que disfruten del cambio de color de las hojas en otoño, que puedan leer y valerse por sí mismos. Pero el problema no es en la corteza visual, el daño más profundo se produce en la zona del cerebro que, al menos para mí, es la más importante: la encargada de ser buena persona, de ser compasivo y generoso.

La psiquiatra norteamericana Victoria Dunclkey publicó un libro llamado *Reinicia el cerebro de tu hijo*. Luego de varios años de investigación llegó a la conclusión de que las pantallas interactivas hacen que el cerebro no funcione bien.

Hoy se puede ver que las niñas y los niños expuestos a pantallas desde temprana edad tienen cerebros más pequeños y mucho menos interconectados.

La ciencia ha demostrado que las pantallas interactivas afectan las partes del cerebro que controlan la regulación emocional, la concentración y el control de impulsos. Las consecuencias de esto se pueden ver en la vida diaria de los niños y niñas: no pueden poner atención en clases, pareciera que tuvieran hiperactividad porque son impulsivos, están más ansiosos y tristes. Muchos tienen grandes pataletas, empeoran las conductas de niños o niñas con autismo, se les hace más difícil leer y aprender, les cuesta mucho más seguir instrucciones en la casa y en el colegio, y tienen problemas para formar relaciones de amistad.

Los adultos reconocen que las pantallas tienen un componente adictivo y que es difícil manejarlas, pero de lo que no se dan cuenta es de que esos problemas que tienen sus hijos están directamente relacionados con el uso de ellas. Como el cerebro madura completamente a los veinticinco años no es para nada realista esperar y tener expectativas de que los niños, por sí mismos, puedan autorregularse y manejar el tiempo que pasan frente a las pantallas. Ellos necesitan de nuestra ayuda.

Si tu hijo tiene algún problema o está distinto a lo habitual, debes espiarlo para descubrir qué está pasando. Y un buen espía tiene que buscar pistas, tiene que tener sus antenas bien prendidas para encontrar una solución al problema.

Los niños y niñas no andan de mal humor o hacen una pataleta para molestar, esto ocurre porque hay algo que les incomoda o les duele. Hoy muchos niños y niñas están con problemas y no podemos cegarnos. Debemos buscar las causas. Si encontramos la causa, podremos pedir ayuda y hallar soluciones, de lo contrario seguirá el sufrimiento.

¿Qué problemas estamos viendo hoy?

- Niños y niñas con muy poco tiempo para el juego libre y no estructurado.
- Retraso en el desarrollo del lenguaje.
- Poca creatividad en actividades artísticas.
- Problemas de sueño.
- Niños, niñas y adolescentes que se aíslan en sus piezas, a puertas cerradas.
- Problemas a la vista, ya sea sequedad en los ojos o miopía.
- Problemas de empatía.

Si vemos estas conductas en los niños y sabemos que la ciencia nos está diciendo que es producto del sobreuso de pantallas interactivas, debemos hacer un cambio de hábitos.

"Ayer tuve una reunión con la profesora de mi hijo, él está en primero medio y no puedo entender cómo el colegio da tantas tareas. Llega a la casa a las cuatro de la tarde, se encierra en su pieza y termina de hacerlas justo a las nueve de la noche. Solo le queda tiempo para comer y acostarse. Pero la profesora me dijo que solo daba una tarea al día y que no debería tomarle más de veinticinco minutos.

Después de la conversación con la profesora le dije a mi hijo que de ahora en adelante las tendrá que hacer con la puerta abierta, porque quiero ver qué es lo que realmente hace en su pieza de cuatro a nueve de la noche..."

(Palabras de una apoderada de primero medio)

MITO DEL MULTITASKING

Con el fin de hacer nuestra vida más productiva y eficiente, las empresas tecnológicas van adecuando y actualizando sus plataformas y *softwares*. Por ejemplo, WhatsApp agregó la función que permite escuchar un audio y chatear al mismo tiempo. Y antes agregó las opciones de velocidad para escucharlos.

Hoy vivimos en un ambiente hiperquinético, intentando no perdernos de nada, y finalmente tenemos una continua atención parcial. Vivimos en una sociedad en que se aplaude a quien más cosas hace en poco tiempo. Me impresionó ver una foto del expresidente Sebastián Piñera, en su primer mandato, con una pantalla gigante de computador, dividida en dos. Al lado tenía otro computador y al mismo tiempo miraba su celular. Tenía cuatro pantallas que eran analizadas, en teoría, simultáneamente.

Pero si consideramos cómo funciona realmente el cerebro, sabemos que eso es imposible.

La neurociencia nos dice que el cerebro humano no puede hacer dos tareas complejas de manera simultánea, solo tenemos la capacidad de cambiar de tareas rápidamente. Cada vez que pasamos de una tarea a otra hay un proceso mental de "parar-comenzar" que ocurre en el cerebro. Este proceso de comenzar, parar y volver a comenzar es un proceso difícil, toma tiempo, somos menos eficientes y cometemos más errores. Es por esto que en Chile, por ejemplo, se aprobó una ley que castiga a quien va manejando su auto y paralelamente está usando su celular.

Son demasiados los accidentes que han ocurrido, peatones que no ven que viene un auto por estar mirando para abajo, conductores distraídos que atropellan a gente que está cruzando la calle. Y, el más típico, cuando dan la luz verde y hay que tocarle la bocina al que va adelante porque no ha visto el cambio de luz del semáforo por estar revisando sus redes sociales.

Hacer más de una cosa bien a la vez es un mito. La gente cree que puede dividir su atención entre múltiples tareas para así avanzar en lograr varias cosas. Pero al final logramos hacer menos, nos estresamos y los resultados son peores.

Esta actitud multitarea cambia la forma en que el cerebro aprende. Los niños, niñas y adolescentes suelen creer que pueden estudiar y hacer bien sus tareas escuchando su música favorita, con su *smartphone* al lado y con la consola de videojuegos cerca.

Los apoderados suelen quejarse de la cantidad de tareas, pero el real problema no es la cantidad, sino que al hacerlas están con muchas otras distracciones: les suena el celular, les llega una notificación, miran las redes sociales, etc. Avanzan en su trabajo y miran para el lado, ven su consola y la tentación es muy grande. Entonces juegan un ratito y así se les pasa toda la tarde sin poder concentrarse en sus estudios y responsabilidades.

Una de las consecuencias de esto es la impaciencia en los niños, niñas y jóvenes. Quieren que todo suceda de inmediato y se sienten extraños cuando hay silencio a su alrededor. Y, cuando sean adultos, no habrán desarrollado el pensamiento crítico. ¿Eso es lo que queremos para el futuro de nuestros hijos?

¿Qué hacemos entonces para ayudarlos?

Primero, deben comprender que sus cerebros solo pueden hacer una cosa bien a la vez. Y, por lo mismo, es importante enseñarles, desde que son pequeños, a planificar sus días. Siempre me acuerdo de mi papá y de mi mamá, quienes tempranito en la mañana nos preguntaban "¿cuál es tu plan para hoy?".

En el cerebro se generan circuitos muy potentes al organizar. Por ejemplo, a medida que organizamos nuestro día y nuestra vida con un plan A, plan B, plan C e incluso un plan apocalipsis (ojalá no pase nada inesperado, pero si llega "el apocalipsis" también debo tener un plan para eso). De esta manera los niños y niñas aprenden destrezas de comunicación, organización y liderazgo, que son útiles también en la vida adulta.

Muchas veces les pregunto a mis hijos: "¿cuál es tu plan para hoy?, ¿cómo nos organizamos?, ¿a quién le toca el turno del colegio mañana? Hoy el ponerse de acuerdo no se hace estrictamente necesario, porque podemos llamar al celular: "te llamo cuando vaya llegando". Mis hijos tienen muy claro el lugar donde me tienen que esperar, la hora en que yo voy a llegar y saben que siempre voy a llegar, aunque me atrase unos minutos, porque lo conversamos antes y lo acordamos de esa forma.

Si esa misma organización se lleva al ámbito de la casa, los niños y niñas tendrán el hábito de llegar a tomar la leche, tener algo de tiempo para descansar, jugar, dar una vuelta en bicicleta y luego hacer sus tareas de manera eficiente. Si tienen tiempo de descanso y recreación, y tiempo para sus tareas, podrán cumplir con sus responsabilidades escolares sin distracciones.

Se han hecho varios estudios en los que se muestra que si un adulto trabaja con el celular al lado, su concentración será menor, ya que inconscientemente va a querer mirar si llegó un mensaje, si recibió un *like* en sus redes sociales o si llegó un mail, especialmente si tiene activado el sonido y las notificaciones. Si eso ocurre con los adultos, imagínense cómo sucede con niños, niñas y adolescentes.

Nuestros hijos deben tener un lugar despejado y sin distracciones para leer y hacer sus tareas. Si necesitan hacerlo en un computador, este no debe tener acceso a juegos de video y deben tener supervisión de algún adulto, ya que con un solo clic pueden pasar de una investigación sobre la cultura romana a chatear con los amigos a través de un videojuego *online*.

Es fundamental aprender a organizarse, a darle prioridad a las cosas, a tener un plan estratégico y a no improvisar. Esto será de mucha ayuda para la vida futura, ya sea como estudiantes o en el mundo laboral. Hoy hay muchos universitarios que no continúan con sus estudios por estrés y angustia, producto de que no tienen hábitos de estudio. Muchas universidades incluso han tenido que agregar ramos en primer año para enseñarles este tipo de hábitos que ya deberían traerlos más que incorporados desde el colegio.

Smartphones

He escuchado muchas veces gente que dice "los videojuegos igual enseñan cosas, dicen que ayudan a la concentración, a la memoria, incluso a que sean más coordinados".

La industria tecnológica siempre encuentra a algún experto que les pueda demostrar estos temas. Efectivamente hay niños y niñas que mejoran bastante su nivel de coordinación ojo-mano, pero hasta el momento yo no conozco a ningún adolescente que le cueste echarse a la boca una cucharada de sopa, porque eso es exactamente coordinación ojo-mano, no más que eso. Lo mismo pasa con la concentración, los niños se concentran todo el tiempo que dura el videojuego, pero son incapaces de mantener la concentración en la lectura o en un debate.

Las destrezas de combate que adquieren en los videojuegos no sirven en la vida real. Lo que más se necesita en estos tiempos es la capacidad de tener pensamiento crítico, y eso se ve dañado por los mismos videojuegos.

La autorregulación y el pensamiento crítico son vitales para navegar bien en el mundo digital de hoy.

Muchas familias me cuentan que sus hijos están siendo diagnosticados con déficit atencional e hiperactividad. Y muchos profesores han percibido que en el retorno a clases presenciales, aunque tienen menos niños y niñas en sus salas de clases, están más activos, muy desconcentrados y sin interés por aprender. Este sobrediagnóstico de déficit atencional se puede relacionar con la temprana exposición hoy a las pantallas interactivas y a la televisión. Sus cerebros no están desarrollando la capacidad para autorregularse por el excesivo uso de pantallas.

El caso de tres hermanos

Esta es la historia de tres hermanos que solían jugar felices, disfrutaban de sus juguetes y tenían mucha imaginación, pero sus abuelos, con un cariño inmenso y pensando que ayudarían a sus nietos a mejorar su educación, le regalaron a cada uno una *tablet*. Los papás estaban felices, ya que cada *tablet* venía con varias apps de educación, una para aprender idiomas y varias sobre matemáticas.

Como era de esperar los niños estaban felices, cada uno tomó la suya y se fueron a sus piezas a aprender. La casa que antes estaba llena de risas y juegos se transformó en una casa silenciosa. El papá y la mamá estaban tranquilos, ya que estaban seguros de que todo el tiempo que sus hijos estaban aislados y en silencio era porque estaban estudiando. Sin embargo, las notas del colegio empezaron a bajar. Además, se dieron cuenta de que estaban más agresivos entre ellos y muy irrespetuosos. Por recomendación de sus profesores decidieron revisar las *tablets*. Para su sorpresa se dieron cuenta de que los tres niños habían descargado videojuegos gratuitos y que pasaban todo el tiempo jugando mientras les mentían a sus padres diciendo que estaban estudiando.

Decidieron castigarlos y quitarles las *tablets*. Y entonces empezaron los problemas. Los niños, que habían disfrutado de cinco meses de libertad total con sus pantallas, reaccionaron muy mal al castigo, pateando puertas, gritando garabatos, faltando el respeto a los demás. El papá y la mamá se dieron cuenta de que sus tres hijos habían cambiado del cielo a la tierra.

Pidieron ayuda psicológica, volvieron a sacar los juguetes con que se entretenían antes. Era necesario que los cerebros de sus hijos se reiniciaran y se desintoxicaran de las pantallas. Después de un mes y medio de tener mucha dedicación de su padre y de su madre, y salir a las plazas, leer y jugar juntos, los niños volvieron a ser los mismos de antes. Incluso ellos mismos se dieron cuenta de cómo habían cambiado. Los abuelos se sentían culpables, porque habían sido ellos los que habían regalado las *tablets*, pero comprendieron que de ahora en adelante solo se podrían usar cuando tuvieran clases virtuales.

En esta historia todo terminó con un final feliz: el padre y la madre se dieron cuenta del problema, lo conversaron, buscaron ayuda y tomaron las medidas necesarias para ayudar a sus hijos. Además, esto fue posible porque los niños eran menores de doce años. Después de los trece años esto debe ser acompañado de terapia psiquiátrica o psicológica, ya que el cerebro adolescente ya está cableado distinto, y si uno les quita las pantallas drásticamente es tan fuerte el síndrome de abstinencia que algunos intentan suicidarse. Eso sucede porque la corteza prefrontal, donde se desarrolla la capacidad de autorregulación, está inmadura.

Es muy importante limitar el tiempo frente a las pantallas, de lo contrario será muy difícil, incluso imposible, que los niños y niñas se interesen en otros temas o actividades.

El valor de la lectura

La recomendación que hace la Academia de Pediatría de Estados Unidos (AAP) es cero pantallas de cero a dos años, eso incluye televisión, *smartphone*, *tablets*, etc. De los tres años en adelante recomiendan un máximo de una a dos horas, pero siempre mediado por un adulto, para que haya control del contenido que ven en la pantalla.

Por ejemplo, si ven un documental sobre los osos pandas, pueden ver el documental en familia e ir comentando lo que aparece: qué comen, dónde viven, etc. Lo ideal es que luego de terminar el programa se converse, se haga algún dibujo o alguna actividad relacionada con lo que acaban de ver en la pantalla. De esta manera la televisión puede servir para aprender algo nuevo, pero en familia, no en solitario.

La lectura de cuentos también ayuda a que los niños y niñas aprendan a autorregularse. Se recomienda elegir libros tradicionales, no los con luces y sonidos, ya que eso los distrae de la historia y de las palabras. Al leerles cuentos se da un momento mágico entre los padres o madres y los hijos, no tan solo se les ilumina la parte del cerebro que tiene que ver con la audición y la visión, sino que se ilumina entero, con los abrazos, la voz cariñosa y las conversaciones.

Es importante que los niños y niñas relacionen la lectura con el placer, de manera que más adelante quieran leer cada vez más y descubran las aventuras y nuevos mundos que hay en los libros.

La lectura en familia nos regala momentos de cariño y de unión. Además, al leer se aumenta la adquisición de nuevo vocabulario y se mejora el lenguaje expresivo. Para hacer memorable la lectura de cuentos en la casa recomiendo tenerlos en un lugar al alcance de los niños y niñas, leer varias veces en el día, no tan solo a la hora de dormir, y utilizar algún juguete o peluche para amenizar la historia, ¡se puede usar hasta con un calcetín! La idea es que la lectura sea algo divertido, donde el adulto haga especial hincapié en el uso de ciertas palabras más sofisticadas y también enfatice la compresión lectora al final del cuento, haciendo algunas preguntas a través de la conversación. Es importante usar las palabras que corresponden y no usar palabras simples por el hecho de que se les lee a niños o a niñas. Si leemos un libro de insectos se habla de entomólogo, el científico que estudia los insectos. Si vamos a hablar de aves se nombran las aves, como avestruz o búho, no un cocó, no un bicho. Si logramos que internalicen este vocabulario se les hará mucho más fácil el proceso de aprender a leer y, lo más importante, comprenderán lo que leen.

Leer también implica poner atención, tener paciencia y autorregularse. Leer es una muy buena herramienta cuando estamos en el proceso de desintoxicación de pantallas.

Juego dramático y autorregulación

El juego es imperativo para el desarrollo cognitivo de los niños, no es una simple entretención, es la única forma que tienen de aprender para la vida.

En el juego libre y no estructurado se aprende a resolver problemas, se desarrollan destrezas de vocabulario y habilidades sociales. Se aprende a respetar turnos, a compartir, a pedir las cosas y mucho más. Como decía Lev Vygotsky, la mayor autorregulación de un niño o niña ocurre cuando está jugando.

Es fundamental promover el juego sociodramático. Antes esto se daba de manera absolutamente natural, pero hoy, en muchos casos, debe ser iniciado por un adulto, sobre todo si los niños y niñas tienen en el bolsillo una pantalla que les es más atractiva.

Muchas familias me cuentan que cuando van a una reunión familiar o junta de amigos, dejan a los niños y niñas viendo televisión en el living o a cada uno con una pantalla para que se entretengan y estén tranquilos. ¿Es eso lo que realmente queremos para ellos? Ellos también podrían aprender muchas cosas en estas reuniones familiares o de amigos. Podrían escuchar por enésima vez las aventuras que vivió su papá en su viaje al sur, aprender a relacionarse con niños y niñas de otras edades, a respetar turnos en las conversaciones, etc.

Es importante que entre los adultos se pongan de acuerdo. Si todos deciden no entregar celulares o *tablets* durante la junta será más fácil, ya que si uno de los niños o niñas saca un celular funciona como un imán para los que estén jugando libremente sin pantallas. En muchos casos, cuando el resto de los padres o madres no quiere prohibirlos, me he visto en la obligación de crear juegos y motivarlos para salir a jugar en lugar de seguir pegados a la pantalla. ¿Que si yo disfruto en ese caso de la junta de amigos?, no mucho, pero mi responsabilidad número uno es la sanidad mental y emocional de mis hijos, aunque tenga que llegar a comer después a mi casa.

¡La meta es apagar los aparatos electrónicos para darle una oportunidad al juego libre y no estructurado! Ese es el alimento ideal para un cerebro en desarrollo, para que brillen sus neuronas.

Hay muchas alternativas para hacer en familia. Por ejemplo, un paseo al cuartel de bomberos de la comuna, ahí sí que hay miles de temas de conversación y palabras nuevas por aprender, lo mismo con una visita a un museo o galería de arte, o salir a hacer deporte en familia. Y si hacer deporte se hace muy difícil se puede salir a caminar y poner atención a lo que van viendo en el camino, a los árboles, las plantas, casas, flores, edificios, etc. Para un niño o niña todo es nuevo, todo es una aventura por descubrir, y ahí debemos estar para llevarlos de la mano en este mundo nuevo.

Hoy nuestros niños y niñas están muy estresados, ansiosos y agresivos. ¿Qué ha cambiado de manera drástica en sus vidas? Sin duda, la explosión de tecnologías de entretención que están cortando la conexión con la familia y el colegio, ambos temas vitales en la salud mental y emocional de niños, niñas y adolescentes.

La pregunta del millón: ¿a qué edad puedo regalarle un smartphone a mi hijo?

Hoy vivimos rodeados de anuncios de *smartphones*, en los que incluso en muchas ocasiones muestran a niños, niñas y adolescente felices usándolos. Nos venden la promesa de que nuestros hijos estarán a la moda, que serán tendencia y, lo mejor de todo, que tendrán todos los conocimientos que van a necesitar en la palma de la mano y a solo un clic de distancia. Frases como "compra un aparato tecnológico y los aprendizajes llegarán solos, tú no tendrás que preocuparte". Incluso hay apps para que los bebés aprendan a hablar. Sin embargo, finalmente son muy pocos los que los usan para estudiar o aprender. Suelen utilizarlos como entretención, que por lo demás es una diversión bastante limitada.

Si la necesidad de los adultos es estar comunicados con sus hijos, la solución es un teléfono básico, para llamar, recibir llamados y recibir mensajes de texto, ya que un cerebro inmaduro no está preparado para lidiar con lo que significa tener acceso ilimitado a internet.

Siempre vamos a esperar que nuestros hijos sean queridos por sus amigos, no que sean el raro del curso, el único que no juega videojuegos o el raro que no tiene celular. Pero si uno se da el tiempo de leer y estudiar se da cuenta de que para un niño o adolescente el tener un *smartphone* en sus manos conlleva más riesgos que beneficios.

Suele pasar que recibir un teléfono de regalo es un ritual esperado, los niños y niñas están esperando tener cierta edad en la que ya pueden tener uno y sentirse merecedores de ese objeto de deseo. ¿Simplemente por tener diez, once o doce años ya les corresponde ser dueños de un *smartphone*? Actualmente para contratar un plan y comprar uno exigen ser mayor de edad, por lo que el papá o la mamá son los dueños del teléfono, no el niño. Sin embargo, muchos creen que sus hijos son los dueños del aparato y ellos merecen su privacidad, lo que trae como consecuencia muchísimos problemas.

Hay que estar conscientes de que el regalar un *smartphone* es una amenaza para la conexión familiar, para las amistades y también para el éxito en el colegio. Algunos padres creen que sus hijos tendrán la capacidad para autorregularse y gestionar su tiempo en la pantalla, pero como ya les he advertido, los niños, niñas y adolescentes no tienen esa capacidad todavía desarrollada totalmente, somos nosotros los adultos los que los tenemos que ayudar y guiar en este proceso, y saber qué cosas dar o no dar según la edad que tengan.

Si ya le entregaste un *smartphone* a tu hijo, sé tú quien limita el tiempo de uso. Tu hijo no será capaz de hacerlo y esta combinación de contenidos adictivos sumado a un cerebro en desarrollo es una muy mala mezcla. Incluso a nosotros, los adultos, que ya tenemos un cerebro maduro con una corteza prefrontal lista y preparada para la autorregulación total, nos cuesta dejar el celular lejos.

¿CÓMO LIMITAR EL USO DEL SMARTPHONE?

Lo más recomendable es no darlo, pero si ya lo tiene y no quieres dar pie atrás hay que hacer todos los esfuerzos posibles para limitar su uso.

Por ejemplo, una mamá me contó que tiene un *smartphone* para ser compartido por sus cuatro hijos, ya que todas las actividades se coordinan solo por WhatsApp. Entonces cada hijo tiene veinticinco minutos diarios para conectarse al WhatsApp y organizar las tareas, partidos de fútbol, etc. Además, me contaba que le ha resultado muy bien, ya que sus hijos les piden a sus amigos que a cierta hora ya se hayan puesto de acuerdo para las diferentes actividades. Esto además los ha transformado en líderes de sus grupos de amigos, ya que son los que llevan la pelota al colegio, los que tienen buenas notas, no pierden su tiempo en redes sociales ni videojuegos. En un principio la madre estaba asustada, ya que otras mamás le decían que a sus hijos no los iban a invitar a nada y que quedarían excluidos poco a poco de todo. Si tu hijo tiene amigos y es querido, de todas maneras lo van a buscar e invitar, ¡como sea!

Otra idea que he visto que se ha adoptado es tener la regla de que cuando los hijos llegan a la casa deben apagar y guardar el celular, de manera que puedan desconectarse de lo que hacen sus amigos en redes sociales y puedan descansar, leer, jugar, estar en familia y también simplemente no hacer nada.

Otra alternativa es usar el control parental, hoy existen muchos en el mercado y seguirán apareciendo. Mi recomendación es revisar estos controles parentales con calma, averiguar cuán fáciles son de desbloquear con algún amigo *hacker* y conversar muy bien con los hijos. Ellos tienen que entender que el celular es del adulto a cargo, y que por lo tanto tendrá el derecho y el deber de revisarlo cuando quiera. Las claves las deben conocer y obviamente darse el tiempo de revisarlo cada día, además de conversar con los niños o niñas si ha ocurrido algo que no corresponda.

A muchos niños el saber que les van a revisar sus conversaciones, redes sociales y fotos les produce mucho estrés. Incluso en algunos casos es tanta la angustia que los doctores les han recomendado no tener *smartphone*.

Los psiquiatras norteamericanos dicen que un cerebro de diecisiete años estaría más o menos maduro para enfrentar lo que significa el acceso ilimitado a redes sociales, internet y videojuegos, pero cada cerebro es diferente y depende de cada caso. Además, hay que tener en cuenta que el uso de estos celulares afecta en la calidad del sueño. Un punto muy importante es no permitir que se vayan a dormir con sus teléfonos, especialmente los adolescentes que se quedan jugando hasta altas horas de la noche o que contestan a todas horas las notificaciones que les llegan a sus redes sociales. Si bien para todas las personas es fundamental un buen dormir, en los adolescentes es imprescindible, necesitan dormir nueve horas, especialmente sus cerebros necesitan ese descanso.

¿QUÉ DEBIERAN HACER LOS COLEGIOS?

Desde hace más de cuatro años que doy charlas a grupos de niños y niñas, a grupos de apoderados y, hace dos años, empecé a dar charlas a colegios.

Hace cuatro años los mismos apoderados pedían mis charlas a los colegios, pero al saber de qué se trataban, preferían no tomarlas porque creían que los asustaría. Las respuestas que me daban era que ellos tenían controlado el uso de los celulares, que los niños se estaban acostumbrando bien a su uso y que incluso les daban una utilidad pedagógica (como buscar información en internet para investigar un tema). No veían nada malo en eso y no tenían a ningún alumno con signo de adicción a las pantallas.

Yo por mi parte seguí dando charlas a grupos pequeños, previniendo y alertando sobre lo que veía que ya estaba pasando en Estados Unidos y en Europa, pero que por alguna razón mágica parecía que no estaba sucediendo en Chile. Sin embargo, la realidad era que estaba pasando, solo que los adultos no lo querían ver.

Al parecer nadie quería saber, no leyeron la evidencia científica que tenían frente a sus narices y que advertía que esto es una adicción, no una herramienta educativa.

Hoy la salud mental y emocional de los alumnos está al límite. Muchas directoras de convivencia escolar me cuentan que los psicólogos ya no dan abasto, que tienen que pedirles a los apoderados que envíen a sus hijos a psicólogos externos porque están teniendo muchos problemas que antes de la pandemia no tenían, y los que tenían ciertas dificultades previas hoy se han empeorado. Es una realidad que adolescentes se están cortando, están teniendo ideas suicidas, están con dismorfia corporal y trauma.

Hay que comprender que esto es una adicción y que hay que tomar las medidas pertinentes. Los colegios deberían prohibir, durante toda la jornada escolar, el uso de *smartphones*. Y en caso de que algún niño o niña lo lleve, el profesor lo debe guardar apagado y devolverlo cuando sea el horario de regresar a la casa.

Es impresionante que existen colegios que si bien los prohíben durante las clases, autorizan a usarlos en el recreo. Me parece una medida absurda. Los niños y niñas han estado sentados mirando un pizarrón por varias horas durante las clases, lo lógico y esperable es que salgan al patio a correr, a jugar, a conversar y a pasarlo bien, no debieran salir para volver a sentarse y bajar la mirada al teléfono.

Hay otros que proponen alternativas al uso del teléfono, es decir, elegir entre usar el celular y tener otras actividades.

Pero obviamente les es más atractivo jugar videojuegos que jugar ajedrez. Jugarán ajedrez si no tienen otra alternativa, y si juegan y les gusta querrán seguir aprendiendo y jugando. En los colegios en que se han dado estas opciones de elección, son las otras actividades las que salen perdiendo.

En Estados Unidos se creó una agrupación que se llama *Away for the Day*, en la que se promueve que los niños y niñas vayan al colegio sin *smartphone*. Todos los colegios que se comprometieron con esta causa vieron que sus alumnos subieron las notas y que disminuyó el ciberacoso. Esto estaba pensado para *middle school*, que es hasta octavo básico, pero fue tanto el éxito que ahora se aplica en muchos colegios hasta cuarto medio.

¿QUÉ HE HECHO YO?

En mi caso, yo no le he dado un *smartphone* a mi hijo de sexto básico porque sé que no se podría controlar. Él es un niño muy activo y se entretiene mucho con sus amigos en los recreos. Lamentablemente es de los pocos de su curso que no tiene celular. Menos mal eso no le preocupa, lleva todos los días una pelota al recreo y juega con niños de otros cursos. Lo que a mí como mamá me preocupa son los contenidos que están viendo sus compañeros, porque se lo comentan a mi hijo y él llega a contarme a la casa. Ellos juegan videojuegos y ven animé (que es bien subido de tono). Se lo he comentado a sus profesores, pero el colegio no quiere hacer nada porque dicen que el resto de los apoderados va a alegar, exigiendo el derecho de estar comunicados con sus hijos. El tema de la comunicación con los hijos 24-7 es algo que me ha llamado mucho la atención. Esa necesidad imperiosa de saber qué están haciendo sus hijos en cada minuto de sus vidas, incluso cuando saben que están en el colegio bien cuidados y seguros.

Los recreos tienen que volver a ser espacios para la sana convivencia, donde se dé el juego libre, espontáneo, donde los niños se miren a los ojos si quieren conversar. Escuché una vez a una profesora decir "ahora los recreos son agotadores porque tenemos que planificar las actividades para luchar contra los celulares". No se puede luchar con algo que está diseñado para ser adictivo, la solución es antes: no permitir que entren al colegio con los celulares.

Para frenar y evitar esta pandemia de salud mental y emocional, debemos dejar que los niños, niñas y adolescentes jueguen y, si es necesario, se aburran en los recreos.

¿QUÉ PASA CON LA TELEVISIÓN?

Nosotros nacimos y crecimos con la existencia de la televisión, al principio con pocos canales y en blanco y negro, pero la televisión siempre estuvo por ahí. Recuerdo que la programación de los canales aparecía publicada en el diario y los monitos animados eran pocos, y solo en ciertos horarios. Mi papá nos hacía revisar el diario los fines de semana y debíamos ponernos de acuerdo los tres hermanos para ver un rato de televisión. Entre dos mujeres y un hombre la tarea no era fácil y generalmente surgía alguna pelea, a veces le tocaba elegir a uno y a veces a otro.

Se daban también discusiones entre los apoderados de colegios sobre los programas que veían los niños y niñas, si eran o no violentos, qué podían ver y qué no, etc. Y hoy nuevamente la historia se repite. Pero si vamos más atrás aún, cuando recién apareció la televisión, los gritos también estuvieron en el cielo: que se te va a atrofiar el cerebro, que la cabeza se te pondrá cuadrada, etc. Con cada nuevo invento, la generación que antecede se escandaliza. Esto viene desde la invención de la escritura, los griegos dijeron que con la escritura ya nadie más iba a memorizar nada (y bueno, yo no me sé ni mi número de celular…). La gran diferencia es que hoy los científicos cuentan con escáneres tan modernos que pueden ver en tiempo real lo que sucede en el cerebro humano.

Hoy se puede ver claramente qué pasa en el cerebro de un niño o niña cuando está viendo su serie de monitos animados favorita, jugando videojuegos, conectado a sus redes sociales o escribiendo en el computador. Es aquí donde hay que tener claras las diferencias entre pantallas pasivas como la televisión y pantallas interactivas como las de los *smartphones*, *tablets*, juegos de video, redes sociales y apps. El televisor es una pantalla pasiva, en la que podemos simplemente sentarnos a mirar un programa. Ahora bien, si ese programa es educativo, por ejemplo, un documental de los ositos panda de China, y los padres actúan como mediadores entre el programa y los niños para ir comentando lo que ven y luego hacen una actividad en familia relacionada con el tema del programa, habrá sido útil para aprender. Pero si solo la usamos como niñera para dejar al hijo quieto por un rato mientras tenemos que trabajar o hacer cosas de la casa, esa televisión sería solo una pausa en su desarrollo cerebral, pero no un daño como lo hacen las pantallas interactivas.

Muchos adultos me han dicho: "Yo vi televisión toda mi infancia y estoy de lo más bien". Sin embargo, si calculamos las horas que pasó frente al televisor, por ejemplo, una hora diaria durante veinte años, son muchas horas. ¿Qué habría pasado si esa persona hubiera ocupado esas muchísimas horas practicando un instrumento?, ¿o las hubiera usado para leer o practicar algún deporte? Quizás no se habría convertido en un pianista eximio ni en un premio nobel de literatura o un atleta olímpico, pero al menos habría ocupado esas horas en disfrutar de su vida y tendría un pasatiempo que le regalaría alegrías y anécdotas.

Como es sabido, el consumo de televisión se disparó durante las cuarentenas, tanto para los niños y niñas como para los adultos. Eran tantas las preocupaciones, angustias e incertidumbres que nada mejor que una maratón de series para olvidarnos del mundo por un rato. Las plataformas de series a demanda lo tienen muy claro, ¿cuánta gente ha pasado noches en vela queriendo saber en qué termina su serie favorita? Antes teníamos que esperar una semana completa para saber en qué seguía la historia. Hoy todo es inmediato: quiero algo, lo encargo y me llega a la puerta; o quiero ir a comer algo, pongo pausa a mi serie y listo.

Por supuesto que es rico ver una película en familia el fin de semana, acurrucaditos, pero los pediatras recomiendan no ver nada de televisión temprano en la mañana ni antes de dormir, ya que eso altera los ciclos naturales del sueño. Yo sé que es mucho más fácil dar el desayuno mientras ven televisión, así comen y se visten rápido para ir al colegio. Pero hay que considerar que eso los deja muy alterados, por lo que podrían tener problemas de concentración en clases. Lo mismo sucede en la noche, muchos niños y niñas tienen problemas para conciliar el sueño después de haber comido mirando la televisión. Es clave tener un buen sueño reparador y para eso lo ideal es no ver nada de televisión tres horas antes de acostarse. Esto también es válido para los adultos.

Nuestra responsabilidad como padres o madres es velar por un sano desarrollo de nuestros hijos y la televisión pone en pausa sus cerebros. ¿Cuánta pausa queremos para nuestros hijos?

LUZ AZUL

Después de varios meses de clases *online* durante la pandemia, muchos se han quejado de que a sus hijos les dolían los ojos y que se les cansaba la vista. Los oftalmólogos decían que era producto de la luz azul, que era peligrosa, que hacía mal, que había que comprarles anteojos especiales a los niños. También empezaron a aparecer en el mercado filtros para las *tablets*, e incluso en Estados Unidos ofrecen vitaminas para que los niños y niñas puedan estar frente a las pantallas muchas horas seguidas y no sufran con la luz azul. Pero, ¿qué es la luz azul?, ¿es tan mala como dicen?, ¿es solo producida por las pantallas?

La luz azul es parte del espectro de la luz visible, existe en el sol, en el mundo natural y en los gráficos. Se puede ver al lado de los rayos UV, que es la luz no visible. La luz UV es más conocida, las personas suelen usar anteojos de sol y cremas protectoras para la piel que tienen filtro UV.

La luz azul también puede causar problemas en la visión, porque nunca fue pensada para tenerla frente a nuestra cara por horas y horas, sino para estar en el mundo natural. En terapias para la depresión se usa luz azul, pero solo por treinta minutos, dado que usarla por más tiempo suprime la producción de melatonina, que es la hormona del sueño.

Esta luz entra muy fácilmente por la córnea, es por esto que a los niños y niñas les pican los ojos y también les afecta la calidad del sueño (duermen mal o les cuesta dormir). Por otro lado, si un niño o niña tiene problemas a la vista, como astigmatismo, este exceso de luz azul hace que sus ojos se fatiguen más rápidamente. En los casos de quienes usan anteojos, sucede que luego de un par de horas de clases virtuales no son capaces de seguir concentrados, dado que sus ojos no resisten tanto tiempo frente a esta luz y se cansan con mayor facilidad aún.

Los ojos tienen pequeños músculos y se cansan. Si mis ojos están cansados, me va a costar mucho más concentrarme en clases. Estos problemas a la vista se veían antes en estudiantes universitarios, ya que pasaban muchas horas frente a la pantalla del computador. Pero hoy muchos oftalmólogos comentan que les ha aumentado mucho la consulta por niños menores de quince años, ya que durante la pandemia estuvieron casi todas las horas de vigilia frente a una pantalla.

A lo anterior hay que sumarle que las pantallas hoy son portables, las puedo llevar a todas partes. Hoy podemos tener nuestra vista pegada a una pantalla prácticamente todo el día. Todos hemos visto la siguiente escena: vamos a un restorán y está toda la familia mirando su teléfono o su *tablet*. ¿Cómo están sus cuellos?, ¿sus espaldas? Si a un niño o niña de cuarto básico le duele la espalda y el cuello por estar frente a las pantallas todo el día no irá al colegio y no podrá poner atención, no porque no sea inteligente, sino porque tiene un gran dolor. Y si fuera, como no se puede autorregular, causaría desórdenes, no aprendería y a la profesora se le acabaría la paciencia.

¿Qué pasa si un niño o niña ve mucha pantalla en el colegio y al llegar a la casa su descanso antes de hacer las tareas es ver televisión? Sin duda, su vista estará demasiado agotada y querrá terminar esa tarea lo más rápido posible. ¿Y si tiene que leer un libro después?

Usted podrá sacar sus propias conclusiones…

Muchos docentes me han dicho que están agotados porque ven demasiada desregulación en sus alumnos, cosa que antes no les pasaba. Cuando les explico acerca del daño a la vista y el efecto que tienen las malas posturas en el nivel de aprendizaje, me miran con tremenda cara de sorpresa.

Es responsabilidad de los colegios capacitar a sus docentes en estas nuevas patologías, para que puedan actuar, encargarse del tema y concientizar a los apoderados. Si los niños y niñas están adoptando malas posturas en plena etapa de crecimiento, incluso puede suceder que los dolores terminen siendo crónicos. ¿Se imaginan un dolor de espalda y de cuello desde kínder a cuarto medio? ¿Tomarán ibuprofeno de por vida?

5

El cerebro adolescente

Cuando los niños todavía son chicos y corren, preguntan y trepan, los padres o madres piensan: "¿Cuándo crecerán y podré tener tiempo para mí?". Después pasan algunos años, llega la preadolescencia y la sensación es "¡me cambiaron a mi hijo!, no era así, ¿qué pasó?" Lo que pasó es que con esta nueva etapa vienen grandes cambios, no solo hormonales, sino que también cambia, y mucho, el cerebro.

El cerebro adolescente generalmente es ridiculizado como un auto de carrera que no tiene frenos. Pero si realmente lo estudiamos, el cerebro adolescente es una maravilla, sobre todo si está bien guiado por un adulto (padres, madres, profesores).

Algunos ven a los adolescentes como adultos, por la altura que han alcanzado o el cambio de su voz, y creen que ya pueden hacerse cargo de sus propias vidas. Sin embargo, eso no puede estar más lejos de la realidad. Ellos, más que nunca, necesitan de nuestro cariño, atención y guía, aunque digan que no lo necesitan y lo rechacen. Hace unos años se pensaba que el cerebro adolescente era como el de un adulto, pero hoy se sabe que biológicamente es muy distinto; así como también es muy diferente al cerebro de un bebé o de un niño o niña. Este cerebro tiene una mezcla maravillosa de nuevas habilidades y vulnerabilidades. En esta época este cerebro está entre dos caminos: en el cruce de la infancia tardía y en el emergente cerebro adulto.

Como vimos anteriormente, los niños y niñas tienen una ilimitada capacidad para aprender y los adolescentes también pueden seguir adquiriendo nuevos conocimientos. Pero estos nuevos aprendizajes se van conectando con aprendizajes previos, es decir, se van consolidando.

Es en la etapa adolescente en la que termina de madurar la última parte del cerebro: la corteza prefrontal, las funciones ejecutivas, el "jefe del cerebro", que está a cargo de la autorregulación y del control de impulsos. Es por esto que los adolescentes se caracterizan por tomar muchos riesgos, por ser poco juiciosos, por no pensar de manera apropiada, pero sí pueden memorizar mucha información y aprender lo que realmente les interesa.

La parte que primero madura del cerebro es la parte de atrás, y la última que termina de madurar es la parte de adelante, la que está justo detrás de su frente. La parte de atrás del cerebro se llama cerebelo y está a cargo de la actividad física, la coordinación motora y el interés por las actividades de recreación. Dado que el cerebelo a esa edad ya está bien maduro, para los adolescentes es muy importante estar al aire libre, correr y hacer deporte.

Una zona del cerebro que también se está desarrollando y madurando rápidamente en esta etapa es el centro de las emociones, se llama amígdala.

Muchos se quejan de que sus hijos cierran la puerta con un portazo y que sobrerreaccionan frente a distintas situaciones. Esto se debe a que la amígdala está muy sensible en esta época de la adolescencia. Los niveles de autorregulación se van ajustando hacia arriba y hacia abajo de manera paulatina, y también el adolescente se va conociendo a sí mismo y, poco a poco, a medida que va creciendo y madurando, va aprendiendo a regular estas reacciones.

Otra zona que va madurando es el *nucleus accumbens*, que es el centro de la motivación y el placer. Es por eso que los adolescentes prefieren actividades que requieran de poco esfuerzo pero que sean muy excitantes. Es por esto que los videojuegos les parecen más atractivos que muchas otras actividades. Ellos entregan mucho placer y exigen un mínimo de esfuerzo. Eso lo tienen clarísimo los creadores de estos juegos, conocen muy bien la biología del cerebro adolescente.

La corteza prefrontal, que termina de madurar a los veinticinco años, es la que les permitirá autorregularse totalmente.

Por eso a los quince años este cerebro adolescente busca placer, pocas dificultades, actividades excitantes, aprender lo que quiera muy rápido y suele cometer errores una y otra vez. Y es por eso también que puede ser muy impulsivo.

A partir de los doce años la curva de aprendizaje baja rápidamente, aunque por supuesto que todavía los adolescentes pueden seguir aprendiendo. El tema es que a partir de esta edad viene una poda neuronal. Este cerebro irá desechando todos los circuitos neuronales que no se han usado últimamente con el fin de ir especializándose cada vez más. El cerebro busca ser más eficiente.

Es por eso que es común que en la adolescencia las y los jóvenes comiencen a buscar su pasión, su vocación, hacer actividades que realmente les gusten y motiven. De esa forma el cerebro se va desarrollando, se va especializando en esa dirección.

En mis charlas suelo preguntar a los adolescentes lo siguiente: "¿qué es lo que más te gusta hacer?" Muchos, quizás demasiados, me responden "no sé, no sé qué cosas me hacen feliz". Eso es grave para un cerebro que tiene toda la disposición de conectar y conectar nuevos circuitos neuronales para que en el futuro el adulto tenga intereses y destrezas bien desarrolladas. En esta poda neuronal lo que se usa se queda y lo que no se usa se bota. Si a tu hijo le gustan y ha practicado deportes, instrumentos e idiomas, es el momento de no bajar la guardia y de motivarlo a que los siga practicando, para que mantenga esos circuitos. Por lo que es importante incentivarlo. Se le puede explicar que su cerebro es como un músculo y que debe seguir llevándolo al gimnasio, que cada día se le hará más fácil la práctica y que cuando sea adulto tendrá un cerebro más fuerte, inteligente y feliz.

En esta etapa se produce la formación de la mielina. Esta es una capa de grasa que recubre el axón de la neurona. Esta cubierta (vaina) permite una comunicación rápida y eficiente entre las neuronas. Por ejemplo, si hay una neurona con un axón poco mielinizado, la comunicación entre neuronas será igual a tener poca conexión a internet, las fotos se descargarán lentamente. Por el contrario, si las neuronas están bien mielinizadas son como una mega conexión a internet banda ancha, donde los videos y fotos se bajan casi instantáneamente. Lo mismo sucede con el pensamiento, las neuronas bien mielinizadas harán que nuestros niños y niñas piensen rápidamente, busquen solución a los problemas y piensen críticamente.

Esta neuroplasticidad es la capacidad que tiene el cerebro de responder a las experiencias que está viviendo en esta nueva etapa de vida.

El objetivo último de esta poda neuronal en la adolescencia, de esta remodelación de su casa, por decirlo de alguna forma simple, es integrar todos los circuitos y todas las zonas del cerebro de una manera armónica y madura.

Los pediatras recomiendan que duerman nueve horas cada noche, lo que para muchos es casi imposible, ya que es en la noche cuando se conectan con los amigos a jugar videojuegos.

El problema es que la falta de sueño genera una mayor producción de cortisol y esto se traduce en que el adolescente que duerme menos horas podría tener problemas de rendimiento académico, tomar más riesgos de lo normal para la edad, tener problemas de salud y además problemas relacionados con el exceso de estrés. Dormir bien siempre ha sido importante y es importante en cada etapa de la vida, pero en la adolescencia, además del desarrollo cerebral, está el desarrollo físico y la producción de hormonas.

Es por todo esto que debemos ayudar y orientar a nuestros hijos para que tengan actividades que los motiven durante el día, pero debemos velar para que tengan un sueño reparador durante la noche.

"Varias veces me llamaron del colegio para decirme que mi hijo de catorce años se quedaba dormido en clases. Yo no entendía por qué, ya que diariamente se acostaba a la hora que corresponde y somos bien estrictos con ese horario. Esto ocurrió varias veces, incluso lo llevamos al doctor para ver si tenía algún problema de salud. Lo que nos hizo sospechar algo raro fue cuando la profesora nos dijo que siempre eran cuatro compañeros de curso los que todos los días se estaban quedando dormidos, y justamente son los amigos de mi hijo. Nosotros como familia teníamos el uso de los videojuegos muy controlado, solo podía jugar con sus amigos los días viernes, sábado y domingo, nada más, y siempre y cuando hubiera cumplido con sus tareas del colegio.

Sus notas bajaron drásticamente y los exámenes médicos salieron bien. Realmente no entendíamos nada. Pero comprendí todo cuando una noche me desperté con sed y me levanté al baño. ¡Cuál fue mi sorpresa al ver luz en la pieza de mi hijo! Eran las cuatro de la mañana y estaba jugando *Call of Duty* con sus amigos. Fue una experiencia terrible y triste, pelear y discutir con él en la mitad de la noche. Se despertaron los hermanos, yo lloraba y mi hijo decía que eso era lo único que lo hacía feliz y a sus amigos también.

Mi hijo y sus amigos se ponían de acuerdo y se juntaban virtualmente a jugar todos los días de dos a cinco de la mañana. ¡Con razón en el colegio se quedaban dormidos!

Hoy lo estamos llevando al psiquiatra para tratar su desmotivación y adicción. Lo que más pena me da es que nunca pensé que esto nos podía pasar a nosotros."

(Palabras de la madre de un adolescente)

Videojuegos

La falta de sueño es muy perjudicial para el sano desarrollo de niños, niñas y adolescentes. Muchos pasan varias horas de la noche jugando, sin que sus padres o madres sepan, ya que ponen alarma a las tres de la mañana, se ponen de acuerdo con los amigos y listo. Hoy la mayoría de los juegos son en línea y con múltiples jugadores.

La privación de sueño es un factor determinante en muchos casos de depresión y suicidio, por eso el cuidado del sueño es clave en un sano desarrollo infantil y adolescente.

Hay que estar muy atentos para prevenir esta dinámica crítica que es jugar videojuegos y dormir poco.

En pandemia los niños, niñas y adolescentes tuvieron mucho tiempo libre y el encierro privó a muchos de poder jugar libremente, correr y hacer algún tipo de ejercicio. Si a eso le sumamos casas y departamentos pequeños, donde además hay más hermanos y padres o madres tratando de teletrabajar, el pasar tiempo en familia sin pantallas ni videojuegos para muchos fue casi imposible.

Los adultos necesitaban silencio y tranquilidad, y los niños y niñas por naturaleza se mueven y hacen ruido. Tenerlos jugando videojuegos fue una solución, pero tenemos que entender que esta solución tiene un precio en los cerebros de nuestros hijos. Los videojuegos de hoy no se comparan con los de antes. En mis charlas muchos adultos me han dicho: "yo jugaba *Pacman* y *Mario Bross* cuando era chico y hoy estoy de lo más bien".

Los videojuegos de hoy tienen imágenes muy realistas, están llenos de contenido gráfico violento que muchos ni saben que lo tienen. Por ejemplo, en *Grand Theft Auto* existen clubes de estríper, violencia extrema en cada nivel del juego, violaciones y prostitutas. Los jugadores pueden recuperar el dinero que le pagaron a la prostituta matándola, y esto, además de horrible, es demasiado estresante para un cerebro inmaduro de diez años.

Muchos tratan de justificar este tipo de juego diciendo que *Call of Duty* y *Grand Theft Auto* están catalogados para mayores de dieciocho años. Sin embargo, el problema es que un 40% de los niños y niñas de nueve años en Estados Unidos lo juega. Basta con mentir respecto a la edad y listo.

Incluso *Fortnite*, que para los adolescentes es un juego para chicos y que muchos niños de kínder y primero básico lo juegan, está catalogado para adolescentes a partir de los trece.

¿Por qué los niños, niñas y adolescentes disfrutan tanto de jugar por horas y horas sin parar? Hay que entender que los videojuegos están diseñados para generar adicción, esto se logra dado que el nivel de secreción de dopamina (neurotransmisor del placer) no es natural, es un chorro de dopamina para el cerebro.

Debido a que el cerebro está en "modo estrés" (pelea con el enemigo o escápate corriendo), les sube la presión arterial, se les dilatan las pupilas, les aumenta el nivel de azúcar en la sangre y el ritmo cardiaco. El cuerpo de los niños está en "modo tengo que escapar de este león que me está persiguiendo o voy a morir en sus fauces", pero no logran encontrar refugio (descanso para su cerebro) después de demasiadas horas de estrés.

Esto es a nivel físico, pero a nivel psicológico se generan más problemas aún. Los videojuegos son engañadores, se ve que tienen monitos, animaciones y pareciera que son inofensivos. Nadie en su sano juicio dejaría a los niños y niñas ver películas para adultos muy violentas y sangrientas, pero sí jugar *Call of Duty*.

Toda esta violencia está pensada para ganar dinero, y las empresas de videojuegos ganan mucho.

Tenemos que ser responsables y saber qué están viendo nuestros hijos. No hay que olvidar el impacto que esto tendrá en su desarrollo cognitivo, emocional, social y vida futura.

Cuando los niños y niñas están realizando algún deporte y alguien se accidenta, se busca ayuda; si es más grave, el partido se suspende. Los premiamos y felicitamos si ayudan al amigo o amiga que se cayó en el patió del colegio y lo llevan a la enfermería.

Hay una contradicción muy grande entre los videojuegos y la vida real. En los videojuegos se premia la violencia, si le revientas el cráneo de un pistolazo a tu amigo ganas puntos. El cerebro de los niños y niñas lee estas imágenes como si fueran reales y sus cuerpos sienten el mismo estrés, como si estuvieran viviendo eso de verdad. En la vida real a nadie le pasa inadvertido una escena de crimen. Si voy caminando y veo que un policía le dispara a un asaltante y queda tirado en el suelo sangrando, esto me produce un estrés enorme y lo único que voy a querer es salir corriendo y buscar refugio en alguna parte.

Esto es lo que ven a diario en los videojuegos. El nivel de realidad que proyectan es impactante, y las imágenes violentas, al ser tan reales, condicionan al cerebro a responder con violencia. Pues bien, eso mismo les pasa a nuestros hijos cuando están matando a diestra y siniestra y la sangre salpica a la pantalla. El cerebro procesa esa información como si fuera real, por lo que inevitablemente hace que sean más violentos en la vida real.

Otra contradicción que suele darse es premiarlos con videojuegos. Es decir, si hacen las tareas tienen permiso para jugar. Es un error premiar con algo que es dañino para su desarrollo. No debemos asociar algo positivo, como es cumplir con sus responsabilidades, con el uso de videojuegos que conlleva tanto daño. Tenemos que enseñarles a ser responsables con su trabajo escolar, mostrarles que puede haber placer al aprender, fomentar las ansias de explorar y descubrir nuevas cosas. Hay que invitarlos a descubrir qué los hace felices.

Lamentablemente uno de los grandes problemas en la actualidad es que no saben qué los hace felices, pero sí saben que sienten un placer muy alto con los videojuegos.

El uso de videojuegos es adictivo como el alcohol o las drogas. Es cosa de ver como los niños, niñas y adolescentes hacen rápidamente su cama, ordenan su pieza o hacen corriendo las tareas para poder obtener lo antes posible su dosis diaria de videojuegos, como si fuera la dosis diaria que un adicto necesita de alcohol o de drogas.

Si es así, es hora de prender las alarmas, porque además hoy muchos juegos incluyen imágenes pornográficas y otros van preparando la cancha para eso.

En el caso de *Fortnite*, un juego que aunque es para mayores de trece ya está normalizado entre familias con niños más chicos, si se observa con atención los personajes del juego se puede ver que son figuras femeninas, por ejemplo, una osita. Esta osita está totalmente sexualizada, con pechos grandes y muy voluptuosa. Sucede que si desde muy pequeños se les expone a ese tipo de imágenes, sus cerebros lo normalizan y esa figura será la imagen deseable de las mujeres. De esto a juegos que directamente incluyan pornografía hay un solo paso.

El cerebro humano va cambiando y madurando de a poco. Es por eso que si, por ejemplo, un niño o niña de cinco años ve pornografía no pasará nada, porque no va a entender lo que está viendo y se irá a jugar. En cambio, si un niño o niña está en la pubertad y ve este tipo de imágenes, va a quedar cautivo mirando, porque ya están funcionando sus hormonas sexuales. Así como la violencia es el ingrediente adictivo en los juegos para los más chicos, la pornografía es el ingrediente que genera adicción en los juegos para adolescentes.

REDES SOCIALES

"Tengo quince años y a los doce me regalaron mi primer *smartphone*, y lo hicieron simplemente porque les dije que todos los papás o mamás de mi curso se los estaban regalando a mis compañeros. Al principio me dijeron que no, que no lo necesitaba porque mi mamá me iba a buscar al colegio, pero insistí, ya que todas mis amigas se ponían de acuerdo para las tareas y las juntas por WhatsApp. Les dije que ya no me habían invitado a tres juntas por no tener teléfono. Ese mismo día me compraron uno. Ahora pienso que ojalá no lo hubieran hecho, porque miro hacia atrás y veo lo inmadura que era. En todo caso, no los culpo.

Lo primero que hice al recibirlo fue bajar WhatsApp e Instagram, porque fueron las únicas redes sociales que me permitieron tener. Yo estaba feliz, porque otras amigas me dijeron que no las dejaban tener Instagram porque era para mayores de trece años. Yo pensé que a mis padres no les importaba lo de la edad; después me contaron que no sabían que las redes sociales tenían una edad mínima y que, de haberlo sabido, no me hubieran dejado tener ni WhatsApp ni Instagram. La única exigencia que me pusieron fue que ellos me iban a seguir en mi cuenta de Instagram, para saber qué era lo que mis amigas y yo posteábamos.

Yo estaba feliz, pasaba horas sacándome *selfies* y editando fotos para ponerles filtros. ¡Qué ganas tenía yo de verme realmente como me veía con el filtro!

Pasó un tiempo y mis padres me empezaron a molestar con el tema de la lectura, ya que nunca me ha gustado mucho leer, pero leía lo que me pedían en el colegio. Mis profesoras les mandaban correos diciendo que estaba bajando las notas y diciendo que ya no sacaba los libros exigidos en la biblioteca. A mí realmente no me importaba nada, mi teléfono era mil veces más entretenido que las clases del colegio.

¡Cuánto me gustaba subir fotos! Mis amigas me dijeron que todas tenían otras cuentas que sus padres no conocían y que por lo tanto no veían, así que me inventé otra cuenta aparte, y ahí sí que podía publicar sin pensar en si les iba a gustar o no a mi papá o mamá. Todo estuvo bien por un par de años.

Cuando cumplí trece mi vida se complicó demasiado. Todo el día estaba con mi teléfono, durante el día y la noche. Mis amigas hacían lo mismo y teníamos una competencia de quién tenía más *likes* en las publicaciones.

Mientras más cuerpo mostrábamos, más *likes* teníamos y a mí me daba mucha vergüenza y miedo. Tenía terror de que mis padres se dieran cuenta o supieran por otras personas de mis fotos en mis otras cuentas. Era tanto el susto que empecé a tener problemas para dormir. Me acostaba a la hora que me decían, pero escondía mi teléfono debajo de mi cama y me quedaba hasta las dos de la mañana revisando mensajes y redes sociales. Como ya tenía trece años, me dejaron tener más redes, como Snapchat y TikTok.

Como la competencia era quién tenía más *likes*, empecé a aceptar a cualquiera que me enviara una solicitud de amistad, sin siquiera revisar su perfil. Mis padres me habían enseñado que solo tenía que aceptar a personas que conociera. Pero eso no era suficiente para poder tener hartos *likes*.

Un día uno de mis seguidores me empezó a escribir mensajes directos, revisé su perfil, era de mi edad y en las fotos se veía bastante bonito. Todos los días me escribía, me dijo que era de Arica y que ojalá algún día nos pudiéramos conocer. Era muy tierno y de verdad lo sentí como un buen amigo. Le empecé a contar mis problemas y siempre tenía una palabra amable.

Empezamos a pololear.

Empecé también a postear videos en TikTok como todas lo hacían y mientras más corta era mi polera o más apretado mi pantalón más *likes* y más seguidores iba teniendo.

Igual me daba vergüenza cuando en varios grupos de confesiones de mi colegio hacían preguntas sobre quiénes eran las que perreaban mejor en TikTok, porque un día salió mi nombre. Al principio me sentí súper bien, pero después empezaron las burlas. Se reían de mi pelo, que estaba un poco gorda, que mi ropa se veía mal. Realmente me quería morir. Por un lado, estaba feliz de que todos hablaran de mí, pero por otro, no quería salir de mi casa.

Mi papá y mi mamá todo el día me preguntaban por qué estaba comiendo menos y por qué andaba con la cara triste. Yo sabía por qué era, pero no quería contarles. Si les decía que me estaban haciendo *bullying* por redes sociales estaba segura de que iban a ir al colegio a alegar y que después me quitarían el teléfono. Prefería callar a que me lo quitaran. Varias de mis amigas estaban igual que yo y una nos recomendó una cuenta de Instagram en la que te decían qué hacer para no comer y que nadie de tu familia se diera cuenta. Yo lo único que quería era adelgazar para que no dijeran que mis videos eran malos porque era gorda.

¡Encontramos tantas cuentas! No parábamos de verlas. Con mis amigas empezamos a hacer desafíos de quién pasaba más tiempo sin comer nada. Rápidamente adelgacé y la ropa me quedaba mucho mejor, ya no podían criticarme por mi peso, estaba más flaca que muchas de mi curso.

Mi pololo me decía que estaba estupenda y todos los días le mandaba fotos para que viera los cambios. Al final la mejor técnica era comer cuando estaba con mi familia y después lo vomitaba. Todo el tiempo que estaba fuera de mi casa simplemente no comía nada. Me hice amiga por Instagram de muchas que usaban la misma técnica.

Mis padres no entendían por qué estaba adelgazando, según mi mamá era porque estaba creciendo. Fue mi profesora de Historia la que un día me llamó para hablar conmigo porque estaba preocupada por mí. Me dijo que le sorprendía verme tan pálida y con mis ojos sin brillo; que podía confiar en ella, que podíamos conversar de lo que quisiera, que me conocía desde hacía muchos años. Pero no quise decirle nada. Yo tenía una vida y cosas que contaba en mi casa y en el colegio, pero tenía otra en mi teléfono. No quería que nadie se metiera en mi vida.

Un día mi pololo empezó a pedirme fotos con menos ropa y yo no quise, me daba vergüenza. Me dijo que pronto vendría a Santiago y que quería conocerme mejor, que ya llevábamos mucho tiempo con la relación virtual y que tenía una tía con casa en Santiago donde podíamos ir. ¡Cómo se enojó cuando le dije que no! No me escribió por cuatro días. Estaba tan triste que fui al baño, me saqué la ropa y le mandé la foto. Me mandó mil corazones y quedé feliz. Problema solucionado, además cedí para que nos viéramos cuando viniera.

Después me pidió fotos posando sin polera ni sostén y lo hice. ¡Me encantó cómo salía! Obviamente le dije que solo eran para él y me dijo que sí, que me quería mucho y que me iba a cuidar. Cada día faltaba menos para conocernos en persona y mis amigas estaban más nerviosas que yo. Como estaba tan flaca y pálida, y mis notas eran pésimas, mis padres decidieron llevarme donde una psicóloga. Yo lo encontré una pérdida de tiempo y de plata. Es verdad que andaba nerviosa todo el día, pero estaba flaca, tenía pololo y el colegio me daba lo mismo. El problema explotó cuando tuve que mandar a arreglar mi celular por un tema de la batería. Mi mamá, como sospechaba cosas, le dijo al técnico que desbloqueara todo y revisó mis fotos, videos, las otras cuentas, ¡todo!

Tengo borrada de mi cabeza la conversación que tuve con ellos después de eso, ya que cuando me dijeron que tenían desbloqueado el teléfono y que habían revisado todo, me vino un ataque de pánico.

Lloré sin parar, grité y no aguanté que me tocara nadie. Fue ahí cuando me llevaron de urgencia a la clínica. Me dieron algo para calmarme y pasé la noche ahí. Mi mamá durmió conmigo. Al día siguiente llegó una psiquiatra y me explicó que había tenido una descompensación producto de mi ansiedad y depresión. Lloré mucho y mi mamá lloraba conmigo.

Ahora estoy en terapia. Me quitaron el celular y yo pensé que me iba a morir, pensé en matarme. Fue un mes del terror, me tuvieron que dar remedios para dormir, tiritaba y ahí la psiquiatra me dijo que estaba pasando por un periodo de desintoxicación de las redes sociales. Pensé que la vida no tenía ningún sentido, pero poco a poco, con la ayuda y el amor de mi familia y del equipo médico, volví a sonreír.

Extraño demasiado mi celular, pero ahora tengo tiempo para caminar y mirar las flores y árboles. He aprendido a disfrutar de la soledad y del silencio. Mi psiquiatra me dice que cuando recupere mi peso, vuelva a estudiar y cuando vuelva a disfrutar de las cosas simples de la vida, me darán de vuelta mi teléfono, pero solo por treinta minutos al día. Y me van a enseñar a usar la tecnología de manera responsable, no solo para entretenerme, porque tanta entretención me dejó enferma en una clínica.

Espero que mi testimonio les sirva a muchos otros, no me gustaría que otras personas sufran tanto como he sufrido yo con todo esto."

(Testimonio de una adolescente)

Comencé investigando sobre este tema hace más de cuatro años. En ese momento mis hijos todavía eran bien chicos y se me ponía la piel de gallina con solo pensar en que les podría tocar vivir todo lo que iba leyendo. Sentía que tenía que hacer algo y rápido, ya que los años pasan volando, y de la infancia a la adolescencia hay solo un suspiro.

Hace cuatro años todavía no se hablaba de que las redes sociales podían causar problemas de ansiedad, depresión, estrés, pánico y bulimia, entre un largo etcétera. Pero hoy, gracias a tantas investigaciones científicas y también gracias a lo que han desclasificado muchos periodistas en Estados Unidos, ya se puede hablar con más propiedad de que a mayor consumo de redes sociales, más problemas de salud mental habrá en cerebros inmaduros de niños, niñas y adolescentes.

La mayoría de las redes sociales dicen en sus términos y condiciones que son para mayores de trece años, pero no hay que ir muy lejos para ver que muchos entre diez y once años ya manejan celulares propios y tienen cuentas en redes sociales como Instagram, TikTok y WhatsApp. Todo con la aprobación de sus padres o madres.

En general, los adultos se quedan tranquilos considerando que muchos "especialistas en educación" recomiendan conversar y explicarles a los niños, niñas y adolescentes los riesgos de las redes sociales, qué debieran hacer y qué no debieran hacer, qué fotos publicar y qué hacer en caso de que les lleguen fotos inapropiadas. Esa conversación, esa educación para la ciudadanía digital estaría perfecta si fuera destinada a cerebros maduros. El problema es que estamos hablando con cerebros preadolescentes y adolescentes, que todavía les faltan largos años para madurar su corteza prefrontal y desarrollar la autorregulación. Por lo que todas esas conversaciones, en muchísimos casos, entrarán por un oído y saldrán por el otro.

Hoy todos quieren un *smartphone* no para hacer llamadas sino para disfrutar de las redes sociales. Muchos padres o madres me preguntan por qué los adolescentes no ven los problemas y riesgos que acarrean las redes sociales, y la respuesta es muy simple: son tan entretenidas y son tan adictivas, que simplemente no pueden soltar el teléfono de sus manos. Además, existe una presión social brutal sobre esta generación para que tengan redes sociales. Es una manera fácil de pasar el tiempo cuando estás aburrido, simplemente te echas para atrás, sacas el teléfono y tienes entretención ilimitada. Es como tener un casino de juegos en tu bolsillo, sabes que si lo sacas te estará esperando algo nuevo y entretenido, ya sea una notificación, un *like*, un comentario o un video que te haga reír.

Cada vez que suena el celular, por una notificación, nuestro cerebro recibe ese delicioso chorrito de dopamina, en la misma cantidad que si bebiéramos alcohol o consumiéramos una droga. Si estamos todos los días disfrutando de este tipo de placer en cantidades anormales, puede llegar a generar una adicción.

La tecnología es buena y útil para muchas cosas, pero es importante tener claro que si se abusa de ella, si se está todo el día pendiente de las redes sociales, de las apariencias, de las *selfies*, se puede transformar en una adicción capaz de destruir las relaciones personales más importantes que se tienen, como la familia y los amigos.

Debido a los cambios que viven los adolescentes, sus cerebros pasan por mucho estrés. Y si desde chicos se acostumbran a lidiar con el estrés a través de los videojuegos y de las redes sociales, si lo ven como un escape, sus cerebros harán más fuertes esos circuitos neuronales, de manera que, de adultos, cuando sientan estrés, necesitarán dosis más fuertes de dopamina, y el riesgo de caer en la adicción al alcohol y a las drogas está a la vuelta de la esquina.

Es por esto que la educación emocional es tan importante, ya que se enseña a pedir ayuda cuando es necesario, a aprender a regular las emociones y a encontrar alternativas saludables para el manejo del estrés. Hoy gracias a que le creemos a la ciencia, existen restricciones de edad para la venta de alcohol, cigarros y acceso a los casinos de juegos. No les prohibimos el alcohol para molestarlos, no es un prohibir por prohibir. Esto es "te prohíbo el alcohol porque te quiero y porque sé que le hace mal a tu cerebro y a tu cuerpo, y porque cuando tengas dieciocho años lo podrás probar y yo te enseñaré un consumo adecuado".

Obviamente los adolescentes nos van a desobedecer, comprarán alcohol a escondidas y más de alguna vez se van a intoxicar. Pero al menos saben que existe una ley que hay que cumplir y que, si se equivocan y no la cumplen, habrá consecuencias.

Hoy estamos frente a una generación que está adicta a sus *smartphones*. No han aprendido todavía a controlar sus impulsos y tampoco han aprendido a pedir ayuda cuando están tristes. Es por esto que hoy hay muchos niños, niñas y adolescentes solos, aislados en sus piezas, aislados en los recreos, tristes y que encuentran placer en algo que está pegado en la palma de sus manos. Esta soledad y aislamiento destruye las relaciones personales.

En estos años he conversado con muchos directores de colegios, con docentes y con enfermeras de colegios, y están abrumados con la cantidad de adolescentes que cierran el año escolar a mitad de año. Sus psiquiatras les dan un certificado médico que dice: "depresión, angustia, crisis de pánico, producto del estrés del colegio".

¿Cómo todavía no nos damos cuenta de la relación que existe entre teléfonos inteligentes, redes sociales y salud mental? ¿Cuánto más drama tendremos que ver en los patios de los colegios? ¿Cuántos casos con depresión grave tendremos que ver? ¿Cuántos números rojos más necesitamos para que nos demos cuenta, de una vez por todas, que somos nosotros los que les regalamos en bandeja lo que está matando a esta generación?

Es un engaño creer que a mi hijo eso no le va a pasar, nos puede pasar a todos y ya les está pasando a demasiados. Si no logramos ver, con los ojos muy abiertos, cuál es la real causa del dolor de nuestros hijos, no habrá remedio que cure este nivel de tristeza. No sirve solo llevarlos al psicólogo y darles ansiolíticos.

"Yo le digo a mi hija que la gente solo sube lo lindo de su vida y que además les ponen filtros a las fotos. Le explico que no es verdad que sus cantantes favoritas tienen esa vida tan perfecta, tan llena de amigos y donde es pura diversión de sol a sol. Yo le explico, pero ella no lo entiende. Mi hija sufre porque tiene espinillas y ni con el filtro puede salir mejor. Está todo el día comparando su vida con la de sus amigas y con la de niñas que ni siquiera son sus amigas. Pasa todo el día viviendo otras vidas y sufriendo porque la de ella no es tan entretenida ni tan idílica. Como papá me esfuerzo mucho para que pueda tener la ropa que ella quiere y le compré el celular que ella quería, pero no logro verla feliz. Cada día la veo sufrir más, ya no sé qué hacer. La estamos llevando a una psicóloga hace varios meses, pero todavía no vuelve a ser la de antes, es más, veo que está cayendo por un espiral hacia abajo y lo único que queremos es verla feliz. Ya no sabemos qué hacer."

(Testimonio del padre de una adolescente)

La salud mental de los adolescentes se ve afectada por la comparación de su vida con la vida perfecta de los otros. Mientras más y más usen redes sociales más solos y tristes se van a sentir, y más inadecuados se van a ver.

Además, aún no existen controles parentales para las redes sociales. Instagram lo está pensando hacer, ya que el congreso de Estados Unidos está viendo formas de regular las industrias de redes sociales, debido a todos los estudios que han demostrado que inciden en la epidemia de salud mental adolescente que hoy estamos viviendo.

Sucede que hoy los adolescentes tienen que crear su propia marca personal, buscan ser reconocidos por algo. Esto implica mucha dedicación, un esfuerzo enorme para mostrar siempre la mejor cara, demostrar que van a lugares espectaculares, que tienen la mejor ropa y que el pelo está siempre brillante. Ellos buscan obtener valoración y aprobación del resto. Mientras más seguidores se tengan y más *likes* reciban, mejor para su marca personal. El sueño de todo adolescente es que una marca le haga canje o que le pague por postear; el sueño de la popularidad máxima. Ojalá varios pudieran leer los testimonios que han publicado algunas mujeres famosas, en los que relatan cómo sus vidas personales se arruinaron luego de mostrar tanta perfección falsa, demostrando que lo que publican no es real, que la vida no es perfecta.

CONFESIONES EN REDES SOCIALES

Existen grupos de confesiones que cada generación de colegio organiza en Instagram. Estas cuentas son anónimas y solo aceptan a alumnos que pertenecen al colegio y a una determinada generación. Se hacen preguntas y comentarios anónimos y se postean fotos que, en caso de ser inapropiadas, se suben momentáneamente. Es decir, se ven por un rato y luego se bajan porque pueden ser sancionados. Pero el daño, aunque sea por cinco minutos, queda.

Cuando un ser humano está frente a otro, de manera presencial, se activa su ínsula, que es la encargada de la compasión y de la empatía. Por lo que si pensaba decirte algo pesado o poco amigable, me lo guardo y no lo hago, porque al ver tu cara se me ilumina la empatía y la autorregulación. Lo que pensaba decirte, al verte, no te lo digo. En cambio, cuando es de manera virtual, a través de una pantalla, no se ilumina nada, estoy totalmente sin filtro. Además, si me aseguran que todo lo que diga y haga será anónimo, me siento con la libertad total de decir lo que se me ocurra. El espacio para opinar se transforma en una selva. Y es que un adolescente anónimo, con rabia, detrás de una pantalla, puede ser capaz de cualquier cosa. Hoy hay muchos adolescentes hospitalizados por cortes e intentos de suicidio, porque pasaron por muchas situaciones traumáticas en estas confesiones. Se habló de sus cuerpos, se les ninguneó, los trataron con las peores palabras, simplemente por no tener el canon de belleza establecido por esta sociedad.

Muchos padres o madres ni se enteran y no saben por qué sus hijos están tan tristes, y si les preguntan reciben respuestas como "estoy así porque tengo una prueba".

Estos confesionarios incluso cambian los nombres para que los adultos no los descubran. Hay padres y madres que exigen saber las claves de los teléfonos y cuentas de Instagram o TikTok de sus hijos, y las revisan en la noche. Pero un adolescente puede buscar una y mil formas de engañarlos. Algunos incluso se crean otras cuentas y es muy fácil que sus padres o madres no tengan idea, aunque intenten controlar.

En estos confesionarios de redes sociales se promete anonimato, se promete que si se pide que no se suba una foto no se hará. Se promete todo lo habido y por haber para que los adolescentes se sientan en confianza, para que realmente digan lo que piensan, pidan consejos, pidan ayuda y muestren todo lo que quieran mostrar. Suena muy lindo el "no te preocupes, nadie va a saber que fuiste tú, nadie se va a enterar de que es tu foto ni que me lo dijiste". "Mándame una foto sin polera, te prometo que la veo y la borro", "hazme un video desde tu pieza, sin ropa, solo será para mí, te lo prometo".

¿Saben cuántas niñas han roto su relación con sus parejas que les prometieron esto y que luego, por despecho o por simple entretención, se dedicaron a mandarlas a todos los grupos de confesiones? ¡Cientos de casos!

¿Cómo se habrán sentido esas niñas? ¿Se lo habrán contado a su papá o mamá o a alguna profesora? No. Se lo callaron, sufrieron solas el ser el hazme reír de cientos de pares. Vieron sus fotos íntimas y sus videos circular por todos los teléfonos del colegio. Caminaron y vieron como todos se daban vuelta a mirarlas y oían sus risitas.

Esto está pasando hoy en miles de colegios, es por esto que las niñas son las que más sufren con las redes sociales. Son principalmente ellas las que se cortan brazos y piernas porque ya no soportan el dolor interno, y los cortes, aunque son fuertes, las liberan por un rato.

Estas niñas hoy son el blanco de burlas, porque creyeron, con sus cerebros inmaduros, que su foto iba a ser vista y borrada.

Hoy en internet nada se borra, todo queda para siempre, esta huella digital los acompañará por muchos años más. Incluso en Estados Unidos actualmente hay gente que contrata a expertos en tecnología para que borren fotos y videos que podrían comprometer el ingreso a la universidad de sus hijos.

Antes las locuras adolescentes quedaban solo en la memoria de los amigos, hoy quedan para siempre en el ciberespacio y muchos se van a arrepentir. Pero hoy no tienen la madurez para darse cuenta de eso.

Pornografía

Las niñas y los niños son curiosos y nadie tiene duda de eso. Cuando se les dice que no hagan algo, ¿qué es lo primero que hacen? Justamente hacer eso que les prohibieron. Y esto es porque el cerebro humano busca la novedad, todo lo que sale de lo común nos llama la atención y queremos tocarlo, experimentarlo y vivirlo. Para eso también están nuestras neuronas espejo, que aprenden de manera rápida y simplemente mirando, por eso su nombre. Lo veo y lo quiero repetir, lo veo y lo aprendo. Recordemos el famoso dicho "los niños hacen lo que los adultos hacen, no lo que les dicen". Por eso es que es tan importante enseñar con el ejemplo. Pero no solo una vez. Hay que repetir varias veces la misma historia para que nuestros hijos aprendan a pedir por favor, a dar las gracias, a hablar mirando a los ojos, etc.

Como los niños y niñas al aprender quieren hacer lo que están viendo, es muy relevante que en el colegio aprendan y vean buenos ejemplos de relaciones personales, de destrezas de comunicación, normas de respeto y de generosidad. Pero como el cerebro aprende todo, así también es como aprenden cosas que no queremos que hagan y los protegemos. Hoy nuestros hijos están a un clic de ver contenidos violentos, pornografía y maltrato hacia la mujer, todo gracias al acceso a videojuegos y a redes sociales.

El tema de la pornografía no tiene nada de nuevo y los adolescentes siempre se las han ingeniado para verla. Para muchos, incluso, es su forma de aprender sobre educación sexual. Antes eran fotos en una revista y esa revista había que encontrarla, conseguirla y esconderla para poder verla sin que te fueran a pillar. Lo mismo con los videos, por algo tanto las revistas como los videos se tapaban con carátulas y se tenían fuera del alcance de los niños, no por ser mojigatos sino porque los adultos sabían que la infancia había que cuidarla y que ciertos contenidos no eran apropiados para esa edad.

No da lo mismo ver porno a los cuarenta años que verlo a los ocho. Los que dicen que simplemente prepara a los niños para lo que viene es porque no tienen la más mínima idea de cómo funciona el cerebro humano. Que un niño de ocho años vea porno violento lo puede traumar de por vida, ¿eso es lo que quieres para tu hijo?

Hoy los juegos de video como *Fortnite* van preparando a los niños para que en un tiempo más busquen porno. Muchos padres o madres no tienen ni la más mínima idea de que los juegos tienen categorías de edad:

EC – *Early Childhood* – Primera infancia
E – *Everyone* – Todos
E 10+ – *Everyone 10 +* – Todos, mayores de 10 años
T – *Teen* – adolescentes
M – *Mature 17+* – Edad madura
AO – *Adults only 18+* – Solo para adultos

Según el buscador en internet, los diez videojuegos más top del momento son aquellos que incluyen violencia extrema, pornografía e incluso violaciones a mujeres, generalmente prostitutas. Muchos de estos juegos son denunciados y después los bajan, pero ¿cuántos niños los alcanzaron a jugar?

Hubo un juego que hace un par de años fue bajado debido a las muchas denuncias que se hicieron. En él un padre muy corpulento y alto no tan solo golpeaba a su hija, sino que la violaba y después la asesinaba. La trama del juego giraba en torno a un ángel que la podía salvar de este violento padre. Y, obviamente, había muchas armas para defenderse. Debido a las denuncias este juego ya no está disponible, pero el daño para quienes pudieron jugarlo queda igual. Ver como un padre, que en teoría debiera cuidar y proteger a una hija, le pega, la viola y la mata, tiene efectos en un cerebro en desarrollo. Un adulto puede distinguir que eso no es real y al rato olvidarlo, no así un cerebro adolescente.

El niño primero se asusta, pero le gusta lo que ve, lo juega, lo disfruta y su cerebro simplemente se va desensibilizando frente a tanta violencia y placer. El resultado de jugar este tipo de videojuegos por días, meses y años es que los niños van a querer probar lo que se siente, porque sus circuitos cerebrales, sus neuronas espejo, van a querer repetir lo aprendido.

Hay varias historias muy tristes que han salido en la prensa inglesa. Una de ellas es la de un niño de once años que tenía celular propio y jugaba a estos juegos de video violentos. Un día cualquiera violó a su hermanita de cuatro años y en la consulta psicológica la respuesta que dio fue "yo quería saber lo que se sentía violar". Ese niño es un niño bueno y cariñoso, según su padre o su madre, pero su cerebro en desarrollo simplemente hizo lo que veía, lo que había aprendido.

¿Cómo se sentirá ese papá o mamá teniendo a la víctima y al victimario en su propia casa?, ¿qué irá a pasar con la hermanita?, ¿cómo te recuperas de una experiencia límite como esta?

Tragedias como esta debieran hacernos cuestionar, dudar e investigar, porque puede que el niño o adolescente quiera probar lo que se siente violar en el baño del colegio, en la junta o en una fiesta. En la fiesta a la que podría ir tu hija.

Hoy una generación completa de niños, niñas y adolescentes pasan horas y horas del día conectados a videojuegos. Les nombré un caso extremo, pero los juegos de video violentos efectivamente están cambiando el comportamiento de nuestros hijos.

En los últimos quince años han aumentado las balaceras, los robos y los asesinatos realizados por adolescentes en establecimientos educativos. La mezcla de violencia y pornografía, a un clic de distancia, está teniendo a muchos niños, niñas y adolescentes hoy en terapia, tanto psicológica como psiquiátrica.

Mary Aiken en su libro *The Cyber Effect: An Expert in Cyberpsychology Explains How Technology Is Shaping Our Children, Our Behavior, and Our Values and What We Can Do About It,* explica que hoy a través de la inteligencia artificial y vía reconocimiento facial, se podría reconocer a un menor de edad y automáticamente se bloquean todos los sitios con contenido pornográfico, videojuegos y redes sociales. Las empresas podrían hacerlo, cuentan con expertos, pero no lo hacen porque el negocio es millonario. Solo lo harán cuando los Estados se lo exijan, y los Estados lo harán cuando nosotros los ciudadanos le tomemos el peso a esto y se lo exijamos a nuestras autoridades.

Actualmente el congreso de Estados Unidos está analizando este tema para poder legislar. Se ha legislado sobre las drogas, el alcohol y el tabaco, ahora toca legislar sobre los juegos de video violentos, la pornografía y las redes sociales en relación a la infancia y a la adolescencia. Esto se logrará solo si leemos, cuestionamos y debatimos estos temas en nuestras familias, colegios, grupos de amigos, para ir abriendo los ojos y tomándole el real peso que esto tiene.

No vamos a querer esperar decenas de años, como ocurrió con la industria del tabaco, para ver si efectivamente estas pantallas interactivas dañan los cerebros inmaduros de nuestros hijos. La evidencia científica ya está al alcance de tu mano. Pero tienes que leerla y actuar hoy.

Pornografía y cerebro adolescente

Como explicaba en el capítulo anterior, la corteza prefrontal es la jefa del cerebro y es quien controla los impulsos, los comportamientos inapropiados y mide las consecuencias antes de hablar y antes de actuar. Pero recordemos que el cerebro de nuestros adolescentes no está complemente maduro ni conectado. Eso significa que ellos no tienen el autocontrol totalmente desarrollado. Esta inmadurez, más la falta de autocontrol y más las hormonas sexuales, da como resultado que tenemos un auto Ferrari, pero sin frenos.

Las hormonas sexuales hacen que los adolescentes estén mucho más sensibles a hacer cosas que les den placer y entretención, pero estas hormonas no hacen nada para que la corteza prefrontal madure más rápido.

Para un adolescente la vida es para conquistarla, disfrutarla y no piensa mucho en medir las consecuencias de sus actos. Es por eso que los padres, madres y profesores tienen el rol de cuidar el entorno en que ellos se mueven y estar muy atentos a qué cosas acceden.

No nos podemos quedar tranquilos con simplemente haber conversado "de todo" con nuestros hijos. Muchos padres o madres se quedan tranquilos porque firmaron un contrato donde sus hijos se comprometen a no ver contenidos inapropiados en internet, a no compartir fotos sin ropa en redes sociales, a hablar sin groserías por los chats, etc. Sin embargo, no podemos olvidar que los adolescentes, con tal de tener acceso a sus *smartphones*, redes sociales y juegos de video son capaces de firmar lo que les pongamos en frente, pero de ahí a que cumplan lo prometido y firmado, ¡difícil, casi imposible!

Y es normal y esperado que así sea. Un adolescente suele desafiar a los adultos para diferenciarse de sus padres o madres y poder conquistar el mundo a su manera y sin mirar atrás. Las civilizaciones avanzan con la fuerza de los cambios que impulsa la juventud que no le teme a lo desconocido. El problema es que hoy el mundo está en la palma de su mano, en su bolsillo, con acceso 24/7 y los riesgos son infinitamente mayores.

Muchos adultos se quejan y me cuentan que han criado buenos hijos, se han dedicado a estar con ellos, a conversar abiertamente los temas, y que sus hijos confían en ellos, pero, aun así, los han pillado viendo pornografía en sus computadores y teléfonos celulares. Este tema no radica en los adolescentes "malos y desadaptados" o que "vienen de familias disfuncionales", esto le puede pasar a cualquier niño, niña y adolescente, independiente de su formación valórica, su familia y su colegio. Esto nos puede pasar a todos simplemente porque la industria de la pornografía quiere que así sea y lo logra.

Lo primero es el facilísimo acceso que existe para encontrar pornografía. Hagan la prueba ustedes mismos, si escriben "sexo" en su buscador de internet les saldrán una infinidad de sitios. Luego, además, pasarán varios días, incluso semanas, y verán que los persiguen publicidades de otros sitios similares. Internet sabe lo que buscas y te va a perseguir hasta que logre venderte algo.

Los cerebros inmaduros buscan recompensa, placer, dopamina, y esto se logra muy fácilmente gracias a un video de pornografía. La novedad de las imágenes hace que este cerebro secrete cantidades muy altas de este neurotransmisor del placer, y este placer hará que se mantenga la atención. Es por esto que si uno le dice a su hijo "si ves o te mandan un video inapropiado, apágalo y me vienes a contar", para él es simplemente imposible hacerlo. Lo ve, siente placer y se queda pegado mirándolo.

Estos circuitos cerebrales se hacen cada vez más firmes y las ganas de volver a ver lo que vieron se hará más fuerte también. Estos videos quedarán guardados en sus memorias y cada vez que lo recuerden volverán a sentir placer, y al volver a verlos se van desensibilizando, por lo que el cerebro pedirá más novedad, quizás más violencia, quizás temas cada vez más complicados y perjudiciales para su desarrollo emocional posterior.

Hay niños, niñas y adolescentes que tienen en sus piezas sus computadores, televisores e incluso muchos duermen con su *smartphone* en su velador. Si alguno se queda hasta altas horas de la noche revisando sus redes sociales y jugando videojuegos, al día siguiente obviamente estará cansado y fatigado; y cuando no se duerme bien al día siguiente lo normal es no funcionar bien, estar más irritable, con menos concentración y mucha menos tolerancia a las frustraciones. Esto les pasa a los adultos y a los adolescentes, con la salvedad de que a ellos les sucede multiplicado por mil. La falta de sueño en los adolescentes hace que su corteza prefrontal trabaje muy mal, lo que implica una mala toma decisiones, arriesgar más de lo esperado y actuar impulsivamente. Su nivel de razonamiento será muy pobre. Un adolescente agotado por varias noches sin dormir es una receta para el peligro y los problemas de aprendizaje.

Muchos adultos compran controles parentales y se quedan muy tranquilos. El problema es que la industria tecnológica siempre va muchos pasos adelante y tiene muchas técnicas para burlar estos controles. Por ejemplo, Instagram no tiene control parental y muchas estrellas porno tienen fotos y videos de libre disposición. Se puede estar mirando tiernas fotos de perritos y gatitos y ¡sas!, reciben de sus amigos los perfiles porno que circulan libremente por Instagram. Y recuerden que ellos recomiendan Instagram para mayores de trece años.

El animé porno y los dibujos animados porno son igualmente adictivos y causan los mismos problemas en el cerebro.

Si se usa un control parental es necesario revisarlo diariamente para conversar con los hijos y estar muy atentos a lo que ven y a los sitios a los que acceden.

Siempre me preguntan "¿a qué edad mi hijo estará maduro para tener su propio *smartphone*?" Mi respuesta es siempre la misma: "a la edad en que tú estés tranquilo con que vea porno cuando quiera y donde sea". ¿Difícil? ¡Muy difícil!

¿Cómo protegemos a nuestros hijos entonces?, se preguntarán todos. Con todo este bombardeo pareciera que es más fácil tirar la toalla y seguir con la corriente, a fin de cuentas, todo el planeta está en las mismas. Difícil ser salmón en esta torrentosa e increíble corriente, pero se puede, con cariño, dedicación y convicción estoy segura de que se puede.

El mejor consejo es esperar lo más que puedan el entregar *tablets* y *smartphones*. Obviamente se necesita un computador para el trabajo y el estudio. Ojalá sea un computador de escritorio y que esté en un lugar abierto, por donde todo el mundo pueda caminar, no que esté en la privacidad de una pieza con puerta cerrada. Hay que estar muy atento y supervisar los sitios a los que acceden para sus tareas escolares. Que tus hijos sepan que el acceso al computador es con un fin claro: hacer una tarea, buscar información, etc., no para pasar el rato y usarlo simplemente porque están aburridos y no se les ocurre qué hacer con su tiempo libre.

Otro consejo es tener mucho cuidado con YouTube, ya que muchos adultos están tranquilos porque solo tienen acceso a YouTube Kids. Hoy hay muchos sitios de pornografía que se han colgado mágicamente a YouTube Kids.

Revisa antes la película o serie que quiere ver tu hijo para que no se encuentre con sorpresas.

Algo que a mí me ha dado buenos resultados es no tener ni videojuegos ni *smartphones* permitidos en la casa. Cuando van niños o niñas a jugar a mi casa yo lo aviso de antemano "mi casa es una casa sin pantallas, acá se juega". Y todos saben que tienen que dejar sus aparatos apagados y guardados en una caja. Al principio te van a mirar con cara rara, pero después simplemente se olvidan de que vinieron con un celular. Los niños y niñas disfrutan del juego, están diseñados para jugar y guardar el teléfono. Este es el mejor regalo que les podemos hacer.

Mi auto también está libre de pantallas. Cuando hago turnos o llevo preadolescentes a sus casas vuelvo a repetir lo mismo: "al subir a mi auto los *smartphones* deben estar apagados" e instantáneamente se ponen a conversar y a mirar por las ventanas.

El primer paso siempre es el más difícil, pero hay que atreverse a darlo, y a que el resto de los adultos nos miren y vean que nos resulta, para que así ellos también se animen a hacerlo. Esto es como una gran cadena de favores que hacemos por nuestros hijos, los de nuestros amigos, de los vecinos y al final por todos los niños, niñas y adolescentes del planeta.

Otro buen consejo es hablar, conversar, volver a hablar y volver a conversar, no tenerle miedo a ningún tema. Más vale partir hablando temprano con nuestros hijos sobre sexualidad, pornografía, fotos inapropiadas, etc., de manera que no sientan que es algo tabú ni algo que nos incomoda.

Nos vamos a incomodar igual, pero tenemos que poner cara de póker, tener los temas claros nosotros previamente y hablar con nuestros hijos mirándolos a los ojos. Es mejor que nosotros nos sintamos incómodos a que ellos aprendan de sexualidad viendo pornografía. Hablar con ellos y explicarles que lo que se ve en la pornografía no es real, que son actores y actrices, cuyos cuerpos tampoco son reales. Nadie normal tiene esas dimensiones y nadie tiene orgasmos de dos horas seguidas.

Si tus hijos se educan viendo esta realidad distorsionada, van a esperar eso en sus relaciones y se van a frustrar cuando no les resulte. O tu hija, al ver que las relaciones sexuales son violentas, donde a las mujeres se les pega y se les tortura, van a creer que eso es lo normal.

Cada generación es distinta y hay que adaptarse e innovar. Los tiempos van cambiando y ahora es distinto a cuando nos educaron a nosotros los adultos. Nadie nos dijo que ser padres era para repetir el modelo anterior. Así como el mundo con la pandemia cambió y jamás volverá a ser lo que fue hasta el 2019.

¿POR QUÉ NO LE DOY UN SMARTPHONE A MI HIJA DE SÉPTIMO BÁSICO?

Hoy uno abre un diario y ve las dramáticas cifras de depresión infantil y juvenil. Los doctores han visto como estas cifras no solo han aumentado, sino que además se hacen frecuentes en niñas y en niños cada vez más pequeños. Algunos de cuatro años diagnosticados con depresión, jóvenes que ingresan en masa a urgencias de los hospitales y clínicas por intentos de suicidio. ¿Qué les está pasando a nuestros hijos que cada día están más infelices? ¿Por qué tanto dolor si son una generación que tiene todo el mundo a su disposición y a un clic de distancia? ¿Serán esas pantallas, que los tienen ultra conectados, la causa de tanta comparación, placer y dolor?

Como adultos nos preocupamos de la salud de nuestros hijos. Por ejemplo, si sé que a mi hijo la palta le produce vómitos y alergia, obviamente voy a velar para que no la coma. Si voy a un restorán no pediré nada que tenga palta, porque no quiero que se enferme y vomite. Si va a la casa de un amigo, yo hablaré con la dueña de casa para que no le dé palta a mi hijo. Es algo evidente.

Entonces, si veo que mi hija de séptimo básico por presión social me pide un *smartphone* y yo se lo doy, y después de un tiempo la veo sufrir a causa de las continuas comparaciones, horas interminables de chats, juegos de video, falta de concentración en el colegio, notas bajas, poca o nula compresión lectora, ¿por qué insisto en enfermarla?, ¿por qué insisto en darle palta si sé de antemano que vomitará? ¿Acaso no ves que tu hija está vomitando a diario? ¿La vas a dejar enferma por la presión social? ¿Qué va a ser de ella en cinco años más? ¿El qué dirán es más importante que la sanidad mental de tu familia? ¿Comprarle el teléfono con acceso ilimitado a internet la hará más popular?

Las investigaciones te están diciendo en tu cara que el acceso ilimitado a la web solo está haciendo a tu hija más infeliz y mucho menos inteligente. ¿Y con esta información insistes en que tu hija, con cerebro adolescente e inmaduro, se autorregule?

Hay laboratorios en Estados Unidos que dicen que "todo comportamiento humano es programable". Estos laboratorios nos están lavando el cerebro para que nunca dejemos de mirar nuestro *smartphone*. Y todas tus aplicaciones para "controlar" el celular de tu hija ya no sirven; tu hija y un hacker ya lograron desactivarlas.

Mi hija de séptimo no tiene celular porque quiero que juegue, haga deporte, lea, comprenda lo que lea, debata y discuta con sus pares. Quiero que se equivoque, que aprenda a mirar a los ojos, quiero que converse con gente que no conoce y que no se esconda mirando para abajo. Mi hija hoy es la única de su generación que no tiene un *smartphone* y sufre. Porque se compara, porque ser la única distinta duele. Pero no le voy a dar algo que sé que la va a enfermar y que va a sufrir más si se lo doy. Pero a la vez la estoy haciendo más fuerte frente a la idiotez de esta sociedad, donde los adultos prefieren tener hijos con depresión y quizás suicidados, antes que quitarles el celular que llevan pegados a sus manos.

Me he estado entrenando por más de cuatro años para subir al monte Everest, ahora me toca subirlo. Estoy segura de que mi amor de madre me dará la fortaleza y sabiduría para ir en contra de una corriente muy fuerte. Cuando se es madre, uno saca todas las fuerzas para cuidar y proteger a sus crías.

CAPÍTULO
6

¿Cómo protegemos a nuestros hijos?

En toda organización, cuando hay algún problema, se hacen reuniones, se analizan las causas, se arman equipos, se estudia y se buscan las soluciones lo más rápido y eficientemente posible. Hoy estamos viviendo en una sociedad que tiene muchos problemas a nivel político, social y también económico. Y no sacamos nada con mirar para otro lado o esconder la cabeza bajo tierra. Tenemos que mirar el problema, tomarlo con las dos manos y buscar una solución, aunque duela. En nuestras casas tenemos que hacer lo mismo. Los adultos responsables tenemos que sentarnos en la mesa, mirarnos a los ojos, conversar de lo que está pasando, y con papel y lápiz anotar los problemas que vemos que tienen nuestros hijos, para idear un plan de acción. Cueste lo que cueste. Es la salud, seguridad e inteligencia de nuestros hijos la que está en juego.

Las preguntas claves que tenemos que hacernos son las siguientes:

- ¿Los aparatos electrónicos, los videojuegos y las redes sociales están alterando las relaciones familiares y personales?
- ¿Qué es lo que realmente hace feliz a mis hijos?, ¿qué los emociona?, ¿qué los hace vibrar?, ¿cuáles son sus aspiraciones?
- ¿Mis niños o niñas se quedan más tiempo de lo presupuestado con los aparatos tecnológicos? ¿Me dijeron que solo jugarían treinta minutos y ya llevan una hora y no se han dado cuenta? ¿Respetan los horarios de juego acordado o siempre hay peleas cuando termina ese horario?
- ¿Duermen las horas que corresponden?, ¿tienen un sueño reparador?, ¿sé cuántas horas tienen que dormir diariamente?

- ¿Tienen televisor y computador en sus piezas?, ¿sé cuánto rato lo ven después de que cierran sus puertas?
- ¿Duermen con su celular en la pieza?, ¿lo dejan en el baño?, ¿sé si lo revisan durante la noche?, ¿sé a qué hora realmente se duermen?
- ¿Cómo está su higiene personal?, ¿se cambian de ropa?, ¿se bañan todas las mañanas?, ¿o han dejado de hacerlo por tener más tiempo con sus aparatos tecnológicos?
- Cuando mis hijos eran chicos, ¿qué les gustaba, a qué jugaban, hacían algún deporte? ¿Esas actividades que antes los hacían felices, los hacen felices hoy?, ¿las disfrutan o ya no sienten nada?
- ¿He visto cambios de humor y comportamientos agresivos o violentos cuando les quito o apago los aparatos tecnológicos? ¿Han tenido reacciones explosivas? ¿Cuánto les dura la rabia?
- ¿Siento que todas las horas que mis hijos destinan a los aparatos tecnológicos les han robado un poco la infancia?

No hace falta hacer muchos cálculos para encontrar la respuesta a estas preguntas. Conocemos a nuestros hijos y nos damos cuenta de cuando no son ellos mismos. Basta con mirarlos y uno sabe lo que están sintiendo. Son nuestros hijos, por instinto sabemos si están bien o no.

Si al responder estas preguntas se te apretó el estómago o pensaste "esto es lo que está pasando en mi casa", es el momento para tomar acciones concretas.

La única forma de saber si nuestro hijo tiene una adicción a las pantallas interactivas o solo es un sobreúso, es estar muy atentos a las reacciones que tiene frente a las pantallas, si se desregula cuando se las quitas o apagas. Si su nivel de desregulación incluye agresividad, golpes, gritos y atenta contra la seguridad de tu familia o la de él mismo, es momento ya de pedir ayuda profesional.

Para quienes tienen niños o niñas la mejor alternativa es no entregar cosas que sabemos que les harán mal, y así evitamos tener que quitarlas después. Es como quitar el chupete, yo no les di chupete a mis hijos porque no quería pasar por el tremendo trabajo de tener que quitarlo después. Mis hijos no tuvieron chupete de plástico ni chupete electrónico.

Pero muchos, probablemente la mayoría de los padres y madres, desconocen esta información. Es por eso que mi objetivo es abrirles los ojos, entregarles la información lo más claramente posible y lograr que le tomen el peso a todo lo que traen consigo las hipnóticas pantallas interactivas.

Si piensas que ya es muy tarde porque ya les entregaste acceso a las pantallas, no te preocupes porque siempre estamos a tiempo de ayudar a nuestros hijos. Dependiendo de su edad será el tiempo que nos cueste, pero por nuestros hijos, todo, y siempre se puede.

Lo más importante es la actitud que debemos tomar. Nuestros hijos nos tienen que percibir seguros, empoderados y contentos con nuestra decisión de ayudarlos a dejar las pantallas interactivas. Somos sus ejemplos, sus guías y también su inspiración, si nosotros no logramos hacerlo con nuestros propios dispositivos, buscarán inspiración en sus amigos e influencers favoritos de las redes sociales. Tenemos que usar nuestra imaginación para crear situaciones e instancias donde lo podamos pasar bien en familia, crear tradiciones que sean inolvidables. ¿Qué recuerdos quieres que tengan tus hijos cuando sean más grandes?

Así como planificamos y organizamos nuestro trabajo y reuniones, lo mismo tenemos que hacer con nuestra familia. Si solo disponemos de los fines de semana para estar juntos es una buena idea tener un calendario a la vista, para programar salidas al cerro, a la plaza, a la casa de algún familiar y pensar con anticipación qué actividades podríamos hacer. Hoy hay muchos juegos de mesa entretenidos, están las clásicas cartas, el bachillerato, el colgado y muchos otros. Les podemos preguntar a tíos y abuelos a qué jugaban y con qué se entretenían cuando eran chicos, estoy segura de que podemos sacar buenísimas ideas.

Si tenemos claro los beneficios que traerá a nuestra familia una vida más sana y sin pantallas interactivas, el proceso no será tan duro. ¡Y los beneficios serán tantos!

Uno de ellos es bien obvio, no habrá peleas ni frustración por más tiempo de videojuegos, más rato en redes sociales ni a quién le toca usar la *tablet*. Todo ese tiempo que se invertía en pantallas ahora estará libre para estar y disfrutar en familia. Se evitará el estrés, la depresión y la ansiedad que provocan las redes sociales.

Tus hijos poco a poco, y gracias al aburrimiento, irán descubriendo actividades recreativas y pasatiempos, tendrán más tiempo para dormir, lo que se traducirá en un día más alegre y sin tantas peleas entre hermanos, y entre padre e hijos. También tendrán más tranquilidad y tiempo para hacer las tareas del colegio. Sin distracciones serán más eficientes y eficaces para todo tipo de labores.

Para lograr estos beneficios hay que organizarse con tiempo. Hay que preparar la casa y prepararse para que nuestros hijos no aleguen ni busquen excusas para que estos objetivos no se logren. El más típico es "necesito mi celular para poner las alarmas" y la solución es muy simple, hay que comprar varios relojes con alarma y enseñarles a usarlos. En cualquier librería los venden. Debemos también tener libros que sean del interés de ellos, para que cuando digan "mamá, estoy aburrido", uno pueda decirles, "ahí tienes un libro de un tema que te gusta".

Una muy buena idea es tener una caja con materiales reciclados, para construir naves espaciales, barcos piratas, y todo lo que a su imaginación se les ocurra. Para eso uno empieza a juntar cajas de cartón, envases de champú, rollos de papel higiénico, envases de leche, es importante también tener *masking tape* y marcadores. Con estos materiales les aseguro horas de imaginación, creatividad, entretención y risas.

Actualmente un gran problema que existe es la obesidad. Por lo que otra buena idea es promoverles algún deporte y mejor aún si buscas instancias para hacerlo en familia, como salir a andar en bicicleta o simplemente salir a caminar juntos.

La música también es otro aliado, a todos nos gusta cantar, bailar y hacer coreografías, pero para el disfrute propio, no para compartirlo en redes sociales. Otra opción podría ser adoptar una mascota, eso ayuda a los niños y niñas a ser responsables, empáticos y también aseguran horas de entretención y cariño.

Muchas niñas y niños, de tan aburridos que están, han empezado su propio mini emprendimiento, ya sea haciendo *slime* y vendiéndola en el barrio, o las clásicas limonadas, pulseras, collares, etc. Esto les da un propósito, conversan, hacen planes, dibujan, escriben y quizás hasta logren ganar algo de dinero.

Si tus hijos tienen menos de diez años la clave es retrasar lo más posible el acceso a los dispositivos móviles y luego modelar con nuestro propio uso.

Nuestros hijos nos ven y nos observan todo el tiempo, y si ellos sienten que el aparato es mejor que ellos, que ellos no merecen nuestra atención, es grave. Tienen que ver en nuestros ojos todo el amor que sentimos por ellos. Si estamos hablando con ellos, pero estamos con nuestra vista pegada en el teléfono, claramente no lo van a sentir ni pensar.

Es muy importante tener lugares y momentos para la familia sin ningún tipo de pantalla. Por ejemplo, a la hora de comer, ese es un momento para saborear lo que estamos comiendo y para conversar sobre nuestro día, los planes que tenemos, pedir ayuda por algo que necesitemos, etc. Obviamente un niño o niña que tiene problemas para comer lo hace mas rápido mirando una película, pero tenemos que enseñar, aunque tome tiempo.

Una buena iniciativa es tener un ayuno total de pantallas una vez a la semana. Muchas familias lo hacen y me han contado que es increíble como ese día es un día muy especial de conversaciones, lecturas y aburrimiento, y que están pensando hacerlo más veces a la semana.

Tener un pasatiempo o buscar uno es clave para las horas que tus hijos van a tener libres: deportes, música, un grupo de voluntariado, etc. Y lo más importante: conversar y volver a conversar con los hijos sobre el porqué de lo que estamos haciendo. Con una charla no basta, ya que es tanta la presión social que se hace necesario refrescar las razones de vez en cuando para seguir alineados como familia y no morir en el intento.

CENTROS DE REHABILITACIÓN DE ADICCIÓN A LAS PANTALLAS

Los adolescentes llegan al centro de rehabilitación cuando a nivel familiar la desintoxicación de pantallas no ha funcionado o cuando los niños o niñas tienen un nivel de agresividad tan grande que los padres o madres se preocupan de la seguridad de su hijo y del resto de la familia.

Generalmente los adultos se sienten muy culpables por llegar a este nivel, porque saben que fueron ellos los que permitieron que, bajo sus narices, sus hijos desarrollaran esta adicción.

Los programas pueden durar desde cuarentaicinco a noventa días, donde los adolescentes se quedan internos.

Lo primero que se hace es recalibrar el sistema suprarrenal, eso significa que se busca que los niños o niñas vuelvan a su equilibrio.

Apenas llegan al centro de rehabilitación dejan sus teléfonos celulares y comienzan terapia individual, grupal y familiar. Toda adicción comienza para llenar un vacío, y ese vacío es el que hay que descubrir para ayudar a sanar. Como los adolescentes están acostumbrados a vivir con dosis muy altas de dopamina, en los centros de rehabilitación al principio hacen muchas actividades al aire libre donde puedan obtener gran placer, pero de manera natural, como hacer canopy y actividades deportivas más extremas.

Poco a poco se van desintoxicando y los llevan a hacer actividades donde se puedan reconectar consigo mismos y puedan sentir placer con cosas más simples, como bañarse en un río, escuchar el sonido de los pájaros y caminar por el bosque. Y también, mediante las terapias, se busca que el adolescente le encuentre sentido a su vida, que encuentre su pasión y un propósito.

Generalmente son adolescentes que no saben qué cosas les gustan o qué los motiva, por eso buscan un escape en los videojuegos o en las redes sociales. A muchos les cuesta bastante encontrar una entretención, pero gracias a las terapias de grupo y a las terapias familiares, la encuentran.

Las familias sufren mucho durante este proceso, porque ven que al principio hay mucha resistencia, no quieren ir al centro de rehabilitación, les recriminan a sus padres o madres que les están quitando lo único que los hace felices y varios intentan suicidarse.

Según cada caso los psiquiatras ven si es necesario recetar remedios, pero lamentablemente no se rehabilita al 100% de los adolescentes que ingresan a estos centros. Hoy, en el siglo XXI, todavía no están las técnicas, la ciencia, ni la evidencia para ayudarlos a todos, por eso es crucial prevenir desde que son pequeños.

Los centros de rehabilitación en China son muy distintos. A diferencia de lo que sucede en Estados Unidos, cuyos centros están ubicados en lugares amplios, luminosos y generalmente en medio de bosques, en China son literalmente cárceles, con barrotes y con entrenamiento militar.

Es tan grave el problema de la adicción a los videojuegos en China que el gobierno tuvo que crear una norma que solo permite jugar una hora al día los días viernes, sábado y domingo. Ni un minuto más, ningún día más. Pero eso lo puede hacer un régimen como el chino. Ellos usan la terapia de shock, de un día para otro no tienen acceso a ninguna pantalla, los despiertan al amanecer, los sacan a entrenar como si fueran soldados. Viven de a seis en una celda con barrotes y las cierran con candado. Hay varios documentales donde muestran qué pasa en esos centros de rehabilitación y realmente parte el corazón.

Los psiquiatras y psicólogos se reúnen también con las familias para hacer terapias y uno puede ver cómo lloran los padres y madres al ver así a sus hijos. Lo más triste es escuchar a los padres o madres decir "yo estaba tan tranquila pensando que mi hijo estaba bien en su pieza, así no corría riesgos de que se metiera en problemas". Finalmente hay muchísimos más problemas *online* que en las calles.

Hasta el momento no hay clínicas de rehabilitación de adicción a las pantallas en Latinoamérica, la única opción es llevarlos al extranjero, lo que implica un costo altísimo tanto económico como emocional para las familias.

Hoy también se dan muchos seminarios, capacitaciones y certificaciones para educadores, psicólogos y psiquiatras. Ojalá muchos especialistas se capaciten para ayudar a tantas familias, niños, niñas y adolescentes que hoy sufren y no cuentan con la ayuda necesaria para poder vivir una vida feliz y con sentido.

La clave es la PREVENCIÓN.

CAPÍTULO
7

¿Cómo les explico a mis hijos sobre esta adicción?

Como profesora estoy acostumbrada a tomar distintos temas que son considerados "para adultos", como por ejemplo obras de arte y música clásica, y los adapto para que las niñas o los niños más pequeños los entiendan de manera sencilla y, lo más importante, los disfruten. Me gusta mucho descolocar a los niños, niñas y adolescentes, que queden con la boca abierta, por eso cuando llegan a mis charlas presenciales los recibo con una sonrisa y con mi polera de *Fortnite* puesta. Al verme no entienden nada y piensan: "yo vine a una charla antipantallas y me recibe una señora con una polera de videojuegos". Esa es una de mis técnicas para encantar y convencer. Lo más importante es tomárselo con humor.

El tema de los efectos de las pantallas interactivas en los cerebros en desarrollo de niños, niñas y adolescentes es un tema que genera gran rechazo en mucha gente. Hay algunos que lloran al saber que irán a una charla mía, porque intuyen que después les van a quitar todas sus pantallas. Por eso hay que aparecer de una manera que les parezca amigable y luego encantarlos con alegría, entusiasmo, evidencia científica y agregarle educación positiva, solo así uno logra convencer y abrir sus ojos.

Mientras más gente esté informada sobre esta adicción más se podrá prevenir. Si evitamos este problema, podremos fomentar que las futuras generaciones sean empáticas, alegres, compasivas, inteligentes y amables.

Es importante saber conversar con nuestros hijos sobre este tema, reconocer los aportes de la tecnología en nuestras vidas, pero al mismo tiempo tomar consciencia de que debemos tener cuidado con los efectos que ella puede producir en los cerebros que están en desarrollo. Ser precavidos y comprender.

Para eso podemos comenzar diciendo algo como: "Quiero que tengas súper claro que la tecnología es maravillosa, nos ha permitido llegar a la luna, tener computadores, comunicarnos con facilidad con aquellos que están lejos, entre muchas otras cosas. La tecnología avanza todos los días, y ojalá avanzara aún más, porque así también podrán descubrir la cura de muchas enfermedades. Pero es fundamental que tengas claro que para desarrollar tecnología, es necesario ser creativo, innovador, tener un pensamiento crítico y saber resolver problemas. Eso implica ser inteligente. Tener un cerebro que sea creador de tecnologías es mucho más difícil que simplemente tener un cerebro que solo consume tecnologías. Y para eso tu cerebro debe desarrollarse bien, sin el uso de las pantallas interactivas hasta que esté maduro".

Hay un libro infantil que resulta muy ejemplificador para este tema, se llama *Qué hacer cuando uno tiene un problema* de Kobi Yamada. Se narra la historia de un niño que un día cualquiera se despertó y se dio cuenta de que tenía un problema arriba de su cabeza, era como una gran nube negra. Pero él dijo que no quería saber nada de ese problema, le parecía muy aburrido tenerlo y prefirió no verlo. Miraba para cualquier otro lado, sin embargo, el problema seguía ahí. Es más, a medida que pasaban los días, el problema iba creciendo cada vez más y este niño seguía sin querer mirarlo.

Como bien deben saber, si uno no asume un problema, el problema en vez de irse, crece y crece.

Un día se dio cuenta de que el problema era del tamaño de su casa, no lo dejaba dormir y además le estaba quitando oxígeno. Así que un día se aburrió, ideó un plan, fue a buscar al problema, lo tomó con las dos manos y lo solucionó. Y se dio cuenta de que, al encararlo, no tan solo lo pudo solucionar, sino que aparecieron nuevas posibilidades y aventuras.

Hoy en Chile tenemos muchos problemas y no podemos hacer como ese niño que simplemente miraba para otro lado, tenemos que identificar qué problemas tenemos y debemos buscarles una solución.

Hoy tenemos problemas políticos, económicos, sociales y además seguimos en medio de una pandemia. Existe una oficina llamada OCDE, que se encarga de analizar qué está pasando con los niños, niñas y adolescentes de todos los países del mundo, con el fin de poder ayudar a las naciones que tengan problemas y que no saben cómo solucionarlos. Ellos estudian y analizan los distintos países para luego hacer un *ranking* según diferentes aspectos.

Por ejemplo, la OCDE estudió la alimentación de los niños. Hoy Chile es el país con mayor índice de obesidad. La obesidad tiene consecuencias graves también en el desarrollo del cerebro. Al crecer mal, se desarrollan mal los órganos y los huesos. La alimentación saludable es fundamental para lograr tener hijos sanos, felices e inteligentes.

Otro indicador es el que analiza la capacidad de los niños o niñas para trabajar en grupo, para ser creativos y desarrollar un pensamiento crítico. Lamentablemente Chile está en uno de los puestos más bajos, por lo que se hace estrictamente necesario educar también a los adultos para que fomenten la reflexión, el debate y el trabajo colaborativo en las futuras generaciones.

Pero como ya señalé anteriormente, un indicador que me parece aún más vergonzoso y preocupante es que Chile es el país número uno del mundo en tener niños, niñas y adolescente pegados a las pantallas. La OCDE sacó la cuenta y niños y niñas en Chile pasan más de sietes horas diarias jugando videojuegos y navegando en las redes sociales e internet. De esas siete horas, solo dieciséis minutos los dedican a trabajos del colegio, todo el resto del tiempo es solo entretención.

El otro *ranking* que lideramos es siendo el país número uno de Latinoamérica en el consumo de drogas en adolescentes. Lo que conlleva no solo efectos nefastos en el cerebro sino también en el cuerpo en general.

Todo esto es una clara señal de que en Chile no estamos haciendo muy bien las cosas. Sin duda tenemos que hacer algo pronto para revertir esto. ¡Qué lindo sería ver a Chile en el primer lugar en el *ranking* PISA!, que mide el nivel de comprensión lectora de los adolescentes de quince años, por ejemplo. Pero desafortunadamente en ese *ranking* estamos entre los países con más bajo rendimiento. Ojalá algún día nuestro país sea el número uno en innovación, creatividad y pensamiento crítico. Pero para eso tenemos que saber educar a las nuevas generaciones que serán nuestro futuro. Los adultos tenemos una gran responsabilidad.

Debemos atrevernos a conversar con nuestros hijos sobre estos temas para que ellos entiendan que si solo están frente a las pantallas jamás podremos mejorar nuestros índices y ser un mejor país. Sus cerebros no podrán desarrollarse si no se despegan de las pantallas, sobre todo si son interactivas. Y para aquellos quienes se sienten atraídos por la tecnología, deben tomar consciencia de que necesitan que sus cerebros se hayan formado bien para luego poder ser un aporte creando y programando nuevos robots o descubriendo nuevas curas para enfermedades complejas. Para todo esto se necesita un cerebro muy inteligente dentro del cráneo.

Al conversar con nuestros hijos es importante ejemplificar. Explicarles, por ejemplo, que en la actualidad no existen trasplantes de cerebro, quizás haya en el futuro, pero hoy, si el cerebro tiene heridas, cortocircuitos o enfermedades, no existe la posibilidad de un trasplante; si no se desarrolla bien ya no hay vuelta atrás. Esto es importante conversarlo.

Una posibilidad de hablar con ellos directamente podría ser así:

"¿Sabes quién es el responsable de cuidar tu cerebro?, ¡tú mismo! Vas a crecer, vas a poder salir solo, tú vas a empezar a tomar tus propias decisiones y yo quiero que sepas cómo cuidar tu cuerpo y tu cerebro, porque quiero que te desarrolles de manera sana y seas feliz. Dentro de tu cerebro hay billones de células que se llaman neuronas. Estas neuronas lo único que quieren es conectarse con otras neuronas, quieren tener miles de amigas, ya que mientras más conectadas estén, más rápido vas a poder pensar, imaginar y crear. Cada vez que lees un libro, cada vez que haces un experimento científico, cada vez que miras a los ojos a un amigo y conversas, cada vez que andas en la bicicleta, tus neuronas brillan y se conectan. Cuando te aburres y piensas qué hacer, es como si tuvieras una fiesta de año nuevo en tu cerebro, las neuronas brillan como fuegos artificiales. Por eso es tan importante que juegues con ramas, piedras, que armes castillos con sábanas, es importante que invites a tus amigos y conversen e imaginen, porque sus cerebros estarán brillando y esa es mi tarea, hacer todo lo posible para que tu cerebro brille día y noche. Pero necesito que sepas que el cerebro no conecta neuronas toda la vida igual, hay etapas en las que el cerebro conecta y conecta neuronas y otras en las que el cerebro ya está más cansado y conecta menos neuronas, y más adelante aún, una época en la que las neuronas empiezan a morir. Es la ley de la vida. Desde antes de nacer que tu cerebro conectaba neuronas, y cada vez que te hice cariño en los pies, cada vez que te hablaba y leía cuentos, tu cerebro no dejaba de brillar. ¿Cómo saben esto los doctores?, porque con los escáneres pueden revisar cómo se mueven y brillan las neuronas, y también pueden ver por qué algunas neuronas se desconectan y mueren. Cuando tenías dos años no parabas de correr, investigar, no parabas de meterte cosas a la boca y aprendiste a hablar rápidamente, eso ocurrió porque tu cerebro estaba en su mejor momento de conexiones neuronales.

Nunca más un ser humano conectará más neuronas que cuando tiene dos años. Hasta los seis años lo único que hacías era aprender y aprender y todo te parecía fácil, pero ya a partir de los doce años el cerebro contrata a un jardinero que viene a podar las neuronas y conexiones que no se usan, con el fin de que en la adolescencia conectes y uses las que realmente necesitas.

Cuando estás jugando videojuegos tú crees que lo estás pasando bien, pero tu cerebro lo lee como estrés y se desconectan y desconectan cientos de neuronas.

Los *smartphones* y las *tablets* emiten radiación y tu cuerpo la absorbe mucho más que yo, que tengo huesos más gruesos. Si estás todo el día con tu celular cerca de tu cara, quien absorbe toda esa radiación es tu cerebro y los doctores creen que toda esa radiación, en varios años más, te traerá problemas de salud, lo mismo con tu postura corporal. Al estar mirando hacia abajo a tu *tablet*, tus huesos, músculos y articulaciones de tu cuello y espalda se están dañando, no se están desarrollando de manera saludable y quizás cuando seas más grande esto te va a causar mucho dolor y tendrás que ir a muchas sesiones de kinesiólogo y traumatólogo. Eso no es lo que tú quieres para tu vida, ¿cierto?"

Y así, puedes ir haciéndolos reaccionar y tomar consciencia de a poco con todo lo que tú ya te has ido informando sobre este tema.

CONFIAR EN LA CIENCIA

¿Qué han hecho diferente los países en los que sus niños y niñas sí comprenden lo que leen, están contentos de ir al colegio, saben trabajar colaborativamente, tienen pensamiento crítico y en los *rankings* están en buenos lugares? En países como Finlandia, Singapur y Australia los profesores se preocupan de estudiar mucho sobre neurociencias, estudian cómo realmente aprende el cerebro humano y en base a eso organizan sus clases, metodologías y planificaciones.

Hoy tenemos que tomar una importante decisión, ¿a quién le creemos? Somos libres de tomar distintas opciones, pero hay que hacerse responsable de las consecuencias. Hoy tenemos que decidir si le creemos a la ciencia, que lleva estudiando por más de dieciséis años los efectos que tienen las pantallas interactivas en los cerebros de niños, niñas y adolescentes, o le creemos a cualquier conocido que nos presiona para que nuestros hijos tengan celular.

Siempre podremos escuchar frases como "tu hija va a ser la única del curso que no tiene *smartphone*, no la van a invitar a nada", "tu hijo es el único que no juega *Fortnite* a las cinco de la tarde con el curso, esa es la nueva forma de socializar que tienen hoy los niños", "hoy las niñitas solo se comunican por Instagram, si no dejas a tu hija, ella va a quedar afuera de todo", "eres la mamá rara del WhatsApp, todas las mamás permitimos que nuestras hijas de once años tengan TikTok, si es solo para reírse y bailar". Sin embargo, debemos ser firmes, creerle a la ciencia y apostar por un futuro mejor para nuestros hijos.

Recordemos que hace más de cuatrocientos años la Iglesia Católica le dijo a Galileo Galilei "nosotros no le creemos a la ciencia, todos los planetas y el sol giran alrededor de la Tierra". A Galileo en el colegio le enseñaron eso, pero luego de mirar y estudiar el cielo, y después de haberse construido un telescopio, se dio cuenta de que no era así, sino que era la Tierra y el resto de los planetas los que giraban alrededor del sol. Eso no era un capricho, era ciencia. Hoy, ya en el año 2022, y con el amor que les tenemos a nuestros hijos, no podemos darnos el lujo de no creerle a la ciencia.

La historia se repite, una generación comete un error y si no se hace cargo lo más probable es que la siguiente generación vuelva a cometer el mismo error, es el mito del eterno retorno. En la década de 1930 los doctores decían "fume no más, fumar no hace daño", los dentistas decían "fume, no va a tener ningún problema ni con sus dientes ni con sus encías". Y alguien preguntó: "Doctor, ¿y el humo no hace mal?", y todos respondieron que no había ningún estudio científico válido que dijera que fumar hacía mal, incluso había doctores que recomendaban fumar ciertos cigarros para mejorar el asma. Hubo doctores que permitían que las mujeres embarazadas fumaran, considerando que no producía ningún daño. Muchas mujeres embarazadas se relajaron y fumaron durante los nueve meses y el resultado fue que sus hijos nacieron con muy bajo peso, pequeños y muchos con problemas respiratorios que tuvieron de por vida. La información estaba, pero no se hacía pública porque la industria del cigarro pagaba mucho dinero para que la gente no hablara. ¿Cuántas vidas se perdieron porque la gente les creyó a esos doctores? ¿Cuántos niños o niñas sufrieron problemas al pulmón porque sus madres no sabían de la evidencia científica que advertía que fumar dañaría a su hijo?

Hoy, dado que le creemos a la ciencia, hay una ley que prohíbe fumar en las plazas donde hay juegos, para resguardar la salud y la integridad de los más pequeños. También existe una ley que obliga a las empresas de cigarros a poner advertencias en sus cajetillas. De esta manera, si una persona libremente compra cigarros y después se enferma, no podrá decir que no fue advertida.

Por lo que me atrevo a decir que hoy, con todo lo que les estoy contando, no podrán decir que no se los advirtieron. Miles de adultos regalan *smartphones* a sus hijos de diez años, cientos regalan *tablets* llenos de aplicaciones y juegos, y muchos más regalan consolas para que sus hijos jueguen videojuegos. Al igual que la industria del cigarro, la de la tecnología paga millones para que los estudios científicos no sean conocidos masivamente, pero cada vez hay más personas interesadas leyendo, estudiando, cuestionando y dudando. Yo soy una de ellas.

CAPÍTULO
8

¿Cómo guiar a los niños y niñas en el mundo digital?

Es nuestro trabajo y el de los colegios enseñar sobre las destrezas digitales que nuestros niños y niñas necesitan para que sepan usarlas de manera segura y responsable.

Nosotros, los adultos, crecimos en un mundo muy distinto al de hoy. Cuando chicos pudimos haber hecho travesuras, pero nadie nos grabó un video ni nadie lo compartió con toda la generación del colegio. Nuestro grupo de amigos se juntaba en la plaza, en la calle o en la casa de alguien y no necesitábamos un *like* para sentirnos felices, nos bastaba un buen chiste o alguna anécdota divertida.

En estos tiempos nos rodeamos de innovaciones digitales que están cambiando de manera dramática la infancia de los niños y niñas. Muchos adultos me dicen que no se sienten preparados para ayudar y guiar a sus hijos, y simplemente terminan por hacer lo que todos hacen, que es entregarse al mercado de las tecnologías, porque diariamente escuchan "si no lo haces, tu hijo quedará afuera del mundo actual, no lo invitarán a nada y será un desadaptado".

Pero también toda esta entretención digital nos ha quitado tiempo para poder centrarnos bien en nuestros hijos. ¿Quién podría culpar a un papá o a una mamá por no darse cuenta de la adicción que sufre su hijo, si nosotros muchas veces nos quedamos demasiado tiempo frente a nuestros aparatos?

Muchos se preocupan de que sus hijos no se expongan a contenidos inapropiados para su edad, de que no compartan información personal o que hagan cosas típicas de los adolescentes que después los perjudique en su ingreso a la universidad o trabajo.

Otros se sienten agobiados con tanto término nuevo: *grooming*, *sexting*, *phishing*, troleo, meme, GIF, porno de venganza, predadores, cuentas falsas de Instagram, realidad virtual, gamificacion, packs, confesiones y tantas otras más que irán saliendo. La familia de hoy está navegando este mundo digital totalmente a la deriva, sin tener ni una pista de dónde iremos a parar, y no tenemos otra alternativa que estudiar, investigar y guiar a nuestros hijos.

- ¿Te has preguntado si tus hijos han desarrollado las destrezas emocionales necesarias para usar de manera correcta los aparatos tecnológicos?
- ¿Tus hijos saben lo que es la reputación y huella digital?
- ¿Sabe tu hijo cómo proteger su información personal y la información de la familia?
- ¿Sabe tu hijo distinguir las noticias verdaderas de las noticias falsas?
- ¿Sabe pensar críticamente acerca de lo que ve y lee en internet?

Si desde el primer día nos preocupamos de enseñarles a que le pongan empeño a lo que hacen, que aprendan a ser responsables de sus actos y compromisos, si les enseñamos a ser honestos, a ser respetuosos con el otro, a ser empáticos y compasivos, la tarea de enseñarles a traspasar esto al mundo digital será más fácil.

Los niños, niñas y adolescentes tienen que saber que las mismas normas del mundo *offline* se deben respetar en el mundo *online*, aunque no les vean la cara ni sepan su nombre.

Los invito a explicarles y a preguntarles cómo hay que comportarse si van a un paseo de curso a la casa de gobierno o a un museo, o cómo se saluda si se llega de invitado a una casa. Si uno lo hace consciente, ellos aprenderán a tratar a una persona que recién conocen y a conversar sobre comunidades digitales donde no se cumplen estas reglas y ver los riesgos y las consecuencias. También podemos hablar con ellos sobre las consecuencias legales de ciertos actos que se cometen en internet.

Pero, ¿qué podemos hacer de manera concreta en nuestras casas? ¿En qué debo fijarme especialmente?, ¿cuáles son las batallas que tengo que dar?

Lo más importante, como todo en la vida, es poner límites claros:

1) Ya sabemos que la Academia Americana de Pediatría recomienda cero pantallas desde el nacimiento hasta los tres años de edad. Por lo que está de más hablar sobre lo inapropiadas que son las apps para desarrollar el lenguaje, levantar la cabeza, etc. Simplemente es NO pantallas en ese rango de edad.

2) Preparación: me tengo que preparar mental y físicamente para iniciar los cambios en la casa y familia. Lo ideal es reemplazar el *smartphone* por un teléfono almeja y organizar actividades extras para los niños y niñas. Pueden ser actividades deportivas o recreativas y manualidades; tener libros al alcance de todos y que sean adecuados para las edades de los integrantes de la familia. Si no hay presupuesto para nuevos libros, siempre está la alternativa de hacerse socios de una biblioteca.

3) Apagar los aparatos tecnológicos dos horas antes de dormir para que realmente tengan un sueño reparador y puedan despertarse con ganas de aprender.

4) Estar conscientes de que al principio habrá resistencia de parte de los hijos. Habrá negación, quizás van a querer negociar y, frente a un no, algunos pueden incluso reaccionar de manera agresiva. Pero paciencia, se les va a pasar.

5) En los traslados, ya sea en auto, bus o donde sea que vayan de un lugar a otro, pueden llevar libros, audiolibros, tarjetas para iniciar temas de conversación y una pelota. Siempre hay por ahí una plaza donde uno se puede bajar y jugar un rato, ya sea con amigos o la familia.

Tengan presente que muchas veces hemos escuchado que nuestros hijos pueden aprender nuevas destrezas con los videojuegos, pero esas destrezas distan mucho de las destrezas de la vida diaria que pueden aprender en familia.

A partir de los cuatro años de edad ya pueden ayudar y colaborar en los quehaceres de la casa, que irán aumentando en su nivel de dificultad a medida que vayan creciendo

> Cocinar

> Limpiar la casa y la cocina

> Lavar y ordenar su ropa

> Planificar por escrito las tareas y trabajos del colegio

> Organizar y ordenar su pieza

> Arreglar la ropa que se les ha roto

> Les podemos enseñar a mirar y entender un mapa, y salir a buscar alguna dirección

Sin duda, hay mil maneras de disfrutar y de aprender en la vida cotidiana, y cada padre o madre conoce mucho mejor cuáles son los intereses de sus hijos.

En base a ese conocimiento cada familia puede diseñar sus propios planes para disfrutar del tiempo libre, de los fines de semana y de las vacaciones.

Al principio no será nada fácil, pero con cariño, entusiasmo y determinación todo es posible.

¿Cómo hace la industria para dejarnos hipnotizados con los aparatos tecnológicos?

Hace un tiempo atrás la Organización Mundial de la Salud incluyó la adicción a los videojuegos e internet dentro de su categoría de problemas mentales. Al hacerlo se está reconociendo que hay un problema real y que crece día a día en relación a la adicción digital.

Sin embargo, nosotros, los usuarios, no tenemos la más mínima idea de que la industria tecnológica diseña sus productos para que generen adicción. Nadie quiere reconocer que es adicto a su *smartphone* o que su hija es adicta a las redes sociales. ¿Por qué mi hijo preadolescente no puede parar de jugar videojuegos?

Si supiéramos el tras bambalinas o lo que conversan las personas que diseñan estos algoritmos, más de alguno se desmayaría. Al menos eso me pasó a mí hace algunos años al enterarme. Simplemente no podía creer que adultos inteligentes supieran tanto de desarrollo cerebral infantil y que además quisieran ganar tanto dinero sin medir las consecuencias que eso podría tener en el desarrollo cognitivo, emocional y social de toda una generación.

Es por eso que me convertí en una espía y fui tras las investigaciones que develaban estos secretos tan bien guardados.

¿Por qué revisamos de manera compulsiva nuestros teléfonos?

Una mamá me contactó hace un tiempo muy preocupada por su hija adolescente, necesitaba una psicóloga o una psiquiatra de manera urgente. Su hija de catorce años era una niña normal, era una buena alumna y tenía su grupo de amigas. A los doce años le regalaron un *smartphone* y, como era de esperarse, bajó las apps del momento: TikTok e Instagram. En dos años el uso del teléfono se transformó en algo compulsivo, simplemente no lo podía soltar de la mañana a la noche.

Sus notas empezaron a bajar drásticamente y ya no quería hacer nada ni con la familia ni con las amigas.

Un día la mamá le dijo muy calmadamente que le iba a quitar el teléfono por un mes, hasta que volviera a la normalidad. Y me contó, textual, que "se transformó en un monstruo, me gritó, me dijo garabatos y en un arranque de ira me pegó".

Esa fue la gota que rebalsó el vaso. Actualmente la niña y su madre asisten semanalmente a terapia. Lamentablemente todavía no se ven muchos progresos, la rabia contra su mamá y contra el mundo no han disminuido, las notas tampoco han subido, la niña sigue insistiendo en que lo único que la hace feliz es su teléfono, pero la mamá tiene la esperanza de recuperar a su hija.

¿Por qué una adolescente puede cambiar sus relaciones y comportamientos de manera tan brutal?

Muchos adultos reconocen que el tema de las pantallas es lo que más les ha costado de la crianza de sus hijos. La respuesta no es para nada simple y los adolescentes en este caso tampoco son los culpables. Algo pasó que los hizo resetearse y eso se llama "diseño tecnológico persuasivo".

Tus hijos han cambiado porque así están diseñados los aparatos, para cambiar el comportamiento de los usuarios. Y mientras más pequeño sea el usuario, más fácil es manipularlos, por la simple razón de que sus cerebros son inmaduros y están en proceso de desarrollo. Son vulnerables y fáciles de engañar, así de simple.

Para eso la industria tecnológica contrata a los mejores psiquiatras y neurólogos. Me pregunto: ¿dónde habrá quedado su juramento hipocrático de no hacer daño?

Lo que los padres, madres y profesores no han entendido o no quieren entender, es que esta obsesión que tienen con sus *smartphones*, juegos de video y redes sociales es la consecuencia de una nueva invención, es el gran encuentro entre la psicología y la industria tecnológica.

Hoy la industria tecnológica tiene a su disposición las últimas investigaciones en psicología, de manera que los productos como redes sociales, videojuegos y celulares logran ser tan adictivos como las drogas.

Con esta información en la mano se puede usar la vulnerabilidad de los niños, niñas y adolescentes para diseñar productos que capturen la atención total de ellos para las ganancias de la industria.

El término "tecnología persuasiva" o "diseño persuasivo" nació de B. J. Fogg, profesor de la universidad de Stanford, y que la revista *Fortune Magazine* llamó "el nuevo gurú que debes conocer". Se busca crear una espectacular experiencia para el usuario UX (*users experience*).

Entre los diseñadores UX podemos encontrar psicólogos, expertos en computación y expertos en desarrollo del cerebro humano. Ellos usan la psicología para sacar provecho de la vulnerabilidad humana y eso es especialmente peligroso cuando se trata de niños, niñas y adolescentes.

Fogg dijo en la revista *Forbes* que Facebook, Twitter, Google y otras compañías usan los computadores para influenciar el comportamiento.

Lo que realmente me parte el corazón es saber que, debido a múltiples razones, ya sea la falta de tiempo, el exceso de trabajo, el cansancio o el tedio, les estemos entregando los corazones y las mentes de nuestros hijos a estas personas que saben cómo llegar a ellos simplemente para ganar más y más dinero.

Así como avanza la tecnología, avanzan los descubrimientos sobre cómo aprende el cerebro, por lo que los productos cada vez son más entretenidos, con imágenes ultra reales y que nos hacen sentir cada vez mejor. Cada vez que nos zambullimos en nuestras pantallas todos los problemas parecen desaparecer.

Es por esta razón que muchos niños y niñas al no tener su *smartphone* en la mano durante el colegio o cuando están en una reunión familiar, en lo único que piensan es en el momento que podrán reunirse nuevamente. Así de grave ya es la adicción.

¿No les hace algo de ruido lo que dijo hace un tiempo el mismísimo expresidente de Facebook, Sean Parker? Comentó que "nuestra tarea principal es hacer que Facebook use la mayor cantidad de tu tiempo consciente posible, solo Dios sabe lo que les estamos haciendo a los cerebros de los niños".

En otra entrevista dada en la misma universidad de Stanford, el exgerente de crecimiento de Facebook, Chamath Palihapitiya, dijo "queremos saber cómo manipularte de manera psicológica lo más rápido posible dándote tu *hit* de dopamina".

Hoy ya tenemos bastante información para no seguir cayendo en la trampa. La evidencia nos demuestra que el exceso de uso de *smartphones* está llevando a nuestros niños, niñas y adolescentes a correr riesgos de depresión e intentos de suicidio.

No podemos dejar en las manos de los padres o madres la educación digital de los hijos, ya que muchos simplemente no tienen idea de esta información.

Somos nosotros, los docentes, los que debemos estudiar para poder capacitar a los padres y madres, y por qué no decirlo, a las autoridades para que se tomen medidas.

No podemos seguir esperando a que los índices de problemas de salud mental sigan aumentando día a día. Las clínicas ya no dan abasto con los adolescentes con anorexia y riesgo suicida.

Tenemos que educar desde el día uno, pero también tenemos que ser honestos y reconocer que así como a los ocho años no se está capacitado para manejar un auto ni para firmar un contrato de trabajo, tampoco se está listo para usar un *smartphone* y acceder a las redes sociales. Lógicamente que en un tiempo más lo van a hacer y lo van a poder manejar bien.

Pero por el momento, dejémoslos vivir la infancia, que se ensucien, se aburran, lean, aprendan de la experiencia, que hagan amigos, que tengan su pandilla y tengan aventuras.

Tiempo para la tecnología tendrán de sobra cuando sean adultos, pero la infancia es demasiado corta como para que se la regalemos a los millonarios de las empresas tecnológicas que solo ven un signo peso en la cara de tu hijo o hija.

Bibliografía

> *American Girls*, Nancy Jo Sales. Vintage, 2016, Nueva York.

> *For the Sake of Our Youth*, Tessa Stuckey. River Grove Books, 2020, Austin (Texas).

> *Girls on the Edge*, Leonard Sax. Basic Books, 2010, Nueva York.

> *Glow Kids*, Nicholas Kardaras. St. Martin's Press, 2016, Nueva York.

> *iGen*, Jean M. Twenge. Atria Books, 2017, Nueva York.

> *Irresistible*, Adam Alter. Penguin Books, 2017, Nueva York.

> *La fábrica de cretinos digitales*, Michele Desmurguet. Ariel, 2019, Santiago de Chile.

> *Media Violence and Children*, Douglas A. Gentile (editor). Praeger, 2014, Santa Barbara (California).

> *Mind Change*, Susan Greenfield. Random House, 2015, Nueva York.

> *Offline*, Imran Rashid y Soren Kenner. Capstone, 2019, Chichester (Reino Unido).

> *Parenting in the Screen Age*, Delaney Ruston. Starhouse Media, 2020, San Anselmo (California).

> *Reset Your Child's Brain*, Victoria L. Dunckley. New World Library, 2015, Novato (California).

- *Screen Schooled*, Joe Clement y Matt Miles. Chicago Review Press, 2018, Chicago.

- *Screened In*, Anthony Silard. Inner Leadership Press, 2020, Nueva York.

- *The Big Disconnect*, Catherine Steiner-Adair. Editorial Harper Collins, 2013, Nueva York.

- *The Cyber Effect*, Mary Aiken. Spiegel & Grau, 2016, Nueva York.

- *The Hacking of the American Mind*, Robert H. Lustig. Avery, 2017, Nueva York.

- *The Shallows*, Nicholas Carr. Atlantic Books, 2020, Londres.

- *Under Pressure*, Lisa Damour. Ballantine Books, 2019, Nueva York.

- *UnSelfie*, Michele Borba. Touchstone, 2016, Nueva York.

- *Wired Child*, Richard Freed. CreateSpace Independent Publishing Platform, 2015, North Charleston (Carolina del Norte).

- *Your Brain on Porn*, Gary Wilson. Commonwealth Publishing, 2014, Margate (Reino Unido).

- *Zucked*, Roger McNamee. Penguin Press, 2019, Nueva York.